计算机应用专业

IT 产品营销案例实训

IT Chanpin Yingxiao Anli Shixun

（第 3 版）

主编 王丽杰 张丽媛

中国教育出版传媒集团

高等教育出版社·北京

内容提要

本书是《IT产品营销案例实训》一书的第3版。本书是任务引领课程改革系列教材，按照"以服务为宗旨，以就业为导向"的指导思想，采用"行动导向，任务驱动"的方法组织全书内容。

本书按照职业活动的特点和要求，结合企业实际的工作任务、工作过程和工作情境组织教学内容。本书采用案例式教学方式编写，围绕大量来自企业一线的营销案例，介绍IT产品营销的基本理论、方法和技巧。全书分为5个项目，主要内容包括走近IT产品、IT产品营销人员职业素养、IT产品营销服务标准与政策法规、IT产品销售渠道策略和IT产品促销技巧。

本书配套资源中提供了丰富的实拍企业营销服务场景和本书各项目教学课件，使学生深入了解企业岗位工作情景。本书还配套学习卡网络教学资源，使用本书封底所附的学习卡，登录 http://abook.hep.com.cn/sve，可获得相关资源。

本书可作为中等职业学校计算机相关专业营销课程教材，也可作为企业营销人员培训用书。

图书在版编目（ＣＩＰ）数据

IT产品营销案例实训 / 王丽杰，张丽媛主编. -- 3版. -- 北京 : 高等教育出版社，2022.10
ISBN 978-7-04-058802-6

Ⅰ. ①I… Ⅱ. ①王… ②张… Ⅲ. ①IT产业－工业产品－市场营销学－中等专业学校－教材 Ⅳ. ①F764

中国版本图书馆CIP数据核字(2022)第117606号

策划编辑	张乐涛	责任编辑	周海燕	封面设计	赵 阳	版式设计 王艳红
责任绘图	黄云燕	责任校对	张 薇	责任印制	刘思涵	

出版发行	高等教育出版社	网　址	http://www.hep.edu.cn
社　址	北京市西城区德外大街4号		http://www.hep.com.cn
邮政编码	100120	网上订购	http://www.hepmall.com.cn
印　刷	中农印务有限公司		http://www.hepmall.com
开　本	889mm×1194mm 1/16		http://www.hepmall.cn
印　张	11.25	版　次	2009年7月第1版
字　数	240千字		2022年10月第3版
购书热线	010-58581118	印　次	2022年10月第1次印刷
咨询电话	400-810-0598	定　价	32.00元

编写委员会

席克工作组

主　编　王丽杰　张丽媛

副主编　刘艳琴　张辉文

参　编　王振山　于　泳　张湘杰　崔丽杰

　　　　　周雯晔　关延林　刘思博　关轶茹

　　　　　左萍萍　王　博　李　郑　孙清怡

　　　　　王仕鑫　鲁　鑫　范小玉　王鑫跃

互联网时代，IT 产品渗透各行各业，进入千家万户。日益庞大的项目规模、客户群体以及各自的个性化需求对 IT 服务过程管理提出了前所未有的挑战。

IT 服务过程是指 IT 需求得以满足的全过程。从 IT 服务商为客户提供相关咨询开始，到定义 IT 需求，挑选合适的 IT 产品，实施 IT 项目，检测验收与评估服务效果以及进行后期的维护与升级。上述诸多环节环环相扣，形成有效的 IT 服务链，我们可在总体上将其分为"销售前期"和"销售后期"两个阶段。

一个有效的 IT 服务全过程，是由就职于 IT 服务链各个环节的专业服务人员各司其职、共同配合完成的。培养 IT 服务人员，是职业教育的一个方向。近年来，技术的飞速进步缩短了职业更替周期，职业教育需要与时俱进，加速培养适应劳动力市场变化的宽专多能的复合型人才。本书围绕"以企业需求为导向，以职业能力为核心"的编写理念，从企业的相关政策、标准、规范、技巧等多个角度，采用流程化的形式、规范的语言和典型的案例，对销售后期阶段的 IT 产品维修服务活动进行了分析。通过案例教育，力图理清"学校人"向"社会人"转变的关键点，并循序渐进地做出解释，为岗前培训和岗位实习起到指导作用。在对企业的销售、商务、交付和服务等流程规范的解释中，力求突出职业技能培训的特色，满足职业技能培训与鉴定考核的需要。

本书于 2009 年首次出版并用于职业教育。在历时数年的教学过程中，执教老师在授课的同时带队进企业，对企业的工作流程和管理规范有了较为深入的了解，从而一方面使企业和学校的结合更为紧密，另一方面也为本书的更新打下了基础。目前这一版本是对 2013 版的更新，在本版中，采用了企业的全新流程和规范，书中的语言和图片更加符合"00 后"学生的需求，相关的数字资源也更加重视与教学的同步。在更新过程中，出版社、学校、企业和咨询管理人员共同形成了一个融洽的团队，大家群策群力、和谐合作，保证了本书的高质量。

当前，随着 5G 网络的规模化发展和智能移动终端的普及应用，手机智能化、移动互联网化的发展趋势愈加突显，它昭示着中国移动互联网巨大的发展市场，在移动通信与互联网产业加速融合的同时，广大消费者对智能终端等 IT 新产品的需求亦将不断升级。大量企业的实践表明，在 IT 项目的生命周期中，约有 80% 的时间与项目的运营和设备的维护有关，由此可见，本书不但是一本具有很高实用价值的参考书和教科书，还可以作为转岗和再就业的指导教材。

现代服务业所追求的目标是"高效率"和"低成本"，具体到 IT 产品服务环节而言，也就是要力争以最少的工时和最低的费用，让客户"买得舒心，用得放心"，没有后顾之忧。从本书的内容可以看到，要做好 IT 服务工作，其中既有技术因素，也有非技术因素，它是服务人员综合素质的体现，而培养这种高素质人才的重要前提，则是"爱岗敬业"精神。热爱服务工作，能以最大的爱心、诚心和耐心去面对我们的每一位客户，这应该是本书所传达的更深一层的含义。

愿本书的每一位读者都能从中得到有益的启示。

袁宝玑

2022 年 5 月

前　言

IT 产品营销作为具有特定功能产品和特定专业市场方向的市场营销行为，也必然应用到市场营销学的基本理论和方法论。在现代市场营销体系中，市场营销已经成为商业活动的中心，随着经济全球化以及新技术的创新应用，市场营销概念呈现动态和不断拓宽的特征，如 4P 营销组合（product：产品，price：价格，place：渠道，promotion：推销）在新的经济生态中将被不断地重新定义。"IT 产品营销案例实训"作为中等职业学校计算机相关专业的营销课程，主要任务是通过学习使学生全面系统地了解 IT 产品经营销售及服务相关策略和技巧，从而使学生掌握一定的 IT 产品经营销售能力。

本书的第 1 版、第 2 版得到了读者的广泛认可。本次再版是按照职业活动的特点和要求，结合企业实际的工作任务、工作过程和工作情境组织教学内容，围绕"立德树人"的目标，使学生掌握 IT 产品营销法律法规和职业道德，具备正确的 IT 产品营销价值观，具有从事 IT 产品营销专业领域工作的方法素质和就业能力，有良好的职业操守、敬业精神等。本书采用案例式教学方式编写，围绕大量生动的来自企业一线的营销案介绍 IT 产品营销的基本理论、方法和技巧，在潜移默化中让学生树立正确的价值导向，实现育人效果。

本书共设置了 5 个项目，每个项目分为若干任务，每个任务由一个问题引入，并包含若干教学活动和一个实训活动；每个活动包括"相关知识"和"案例"。其中，项目 1 介绍产品整体概念、市场及 IT 产品种类、产品市场生命周期等相关内容；项目 2 介绍 IT 产品营销人员职业素养的基本要求、服务礼仪、谈判技巧等方面的知识技能；项目 3 介绍 IT 产品经营销售方面的法律法规、质量标准、相关政策等方面的知识；项目 4 介绍 IT 产品门店销售、代理销售、特许经营、电子商务等主要销售渠道策略；项目 5 介绍广告、人员推销、营业推广、网络营销、公共关系等重要促销策略及技巧。

本书建议安排 60 学时教学，在具体组织教学时可参考下表分配各项目学时：

项　　目	项目名称	建议学时
1	走近 IT 产品	6
2	IT 产品营销人员职业素养	8
3	IT 产品营销服务标准与政策法规	12

续表

项　　目	项目名称	建议学时
4	IT 产品销售渠道策略	16
5	IT 产品促销技巧	18
合　计		60

　　本书可作为中等职业学校计算机相关专业营销课程教材，也可作为企业营销人员培训用书。

　　本书由王丽杰、张丽媛、刘艳琴、张辉文共同编写，编写分工如下：王丽杰老师负责项目 1 和项目 4 内容，张丽媛老师负责项目 5 内容，刘艳琴老师负责项目 3 内容，张辉文老师负责项目 2 内容。

　　在编写本书的过程中，我们参考和引用了大量的文献和案例，尤其得到联想集团工程师的支持和帮助，在此表示深深的谢意！

　　由于编者水平有限，书中难免存在不足之处，敬请各位专家和广大读者批评指正。读者意见反馈邮箱：zz_dzyj@pub.hep.cn。

编　者
2022 年 5 月

目　录

走近 IT 产品

人们在购买 IT 产品时，不仅考虑产品本身的性能，还更多地考虑品牌、安全、质量、款式、颜色、价格、包装、特色等因素，与此同时还会考虑产品的安装、调试、送货、维修、信用、技术指导、备件供应、三包服务等更多的销售服务政策。可见，这里所说的 IT 产品并不是指产品本身，而是包括诸多内容的一个整体，也就是所谓的产品整体概念。

任务 1.1　深入了解 IT 产品整体概念

问题引入

● 假如让你购买一台笔记本电脑，你会考虑哪些因素和条件？为什么？

你知道吗?

从生产者市场看，企业经历了生产观念、产品观念、推销观念、市场营销观念和社会营销观念（或绿色营销观念）等几个阶段，其市场活动从传统的"以自我为中心"的卖方市场转变成现代的"以消费者为中心"的买方市场。而市场经济本身就是一种需求导向型经济，需求就是消费需要。从我国目前消费者市场看，主要呈现出几大特点：① 整体消费水平在不断提高；② 消费的选择性在增强；③ 消费者的法制观念在进一步强化；④ 消费需求的层次化、个性化趋势更明显；⑤ 消费方式逐渐过渡为线上和线下结合的方式。

由此可见，随着消费需求的不断发展变化，消费者在市场中主体地位的提高，现代市场的竞争已不仅仅是核心产品的竞争，更重要的是有形产品、附加产品的竞争，归根结底是对消费者的竞争，消费者需求真正成为了企业营销观念转变的根本原因。这对企业如何最大限度地满足消费者需求提出了更高要求。另外，随着高新技术的发展，企业间在劳动生产率、产品成本、质量方面的差距越来越小，因此更多的企业把竞争核心放在了产品的服务质量上，以更大程度地满足消费者需要。

活动 1.1.1　认识商品、产品及新产品

 **相关知识**

学习营销，首先要明确的一个问题就是如何正确区分产品与商品，以及辨别什么是新产品。

1. 商品

商品目前主要有以下 3 种不同的定义。

- 商品是为交换而生产（或用于交换）的对他人或社会有用的劳动产品。
- 商品是用来交换的劳动产品。
- 商品是经过交换且未进入使用过程的劳动产品。

从商品的这 3 个定义中不难看出商品与产品的主要区别。商品有着明显的两个基本属性，就是使用价值和价值。其中使用价值反映的是人与自然之间的关系，称为自然属性；而价值则反映的是人与人之间的关系，称为社会属性。

2. 产品

产品是用来满足人们需求的物体或无形的载体。产品能够提供给市场，被人们使用和消费，并能满足人们某种需求，包括有形的物品，无形的服务、组织、观念或它们的组合。可见，产品的概念比商品要大，有些产品就不能成为商品。

表 1-1 对商品、非商品的劳动产品与非劳动产品的物品的区别与联系进行了对比分析。

表 1-1　商品、非商品的劳动产品与非劳动产品的物品的区别与联系

比较	商品	非商品的劳动产品	非劳动产品的物品
区别	1. 是劳动产品 2. 用于交换 3. 历史范畴	1. 是劳动产品 2. 不用于交换 3. 永恒范畴	1. 不是劳动产品 2. 不用于交换 3. 永恒范畴
联系	商品都有使用价值，非商品的劳动产品和非劳动产品的物品绝大多数也有使用价值		

3. 新产品

所谓新产品，泛指与以前的产品在结构、性能参数和外观上完全不同的产品。从市场营销的观点看，最主要的区别在于产品的使用价值有别于以前的老产品，即能满足市场不断增长的新需求。新产品可以分为以下 3 种类型。

① 全新产品：是指国内外或本地区从未生产过、首次试制的产品，这一类新产品开发难度最大。

② 换代新产品：是指在原有产品的基础上，为满足市场新的需要采用新技术、新材料、新结构制造的产品。

③ 改进新产品：是指在现有产品的基础上，改进参数性能，更换花色、款式、包装等，以满足不同市场需要的产品。

很多人所理解的新产品就是指第一种类型，也就是全新产品。在这里需要特别注意，在营销理论中所提到的新产品泛指以上三种类型。

【案例 1-1-1】联想服务器生产车间自用的服务器

联想集团拥有很多专业化的生产车间，主要生产台式计算机、服务器、笔记本电脑、打印机、主板、手机等商品。每个车间为了保证正常生产及日常工作，需要相关的设备或工具。其中，服务器生产车间使用自己所生产的服务器，作为日常工作及服务器安装调试的重要辅助工具。

 案例思考

● 联想服务器生产车间所使用的这台服务器是属于产品还是商品？

【案例 1-1-2】华为 Mate 40 手机是新产品吗？

随着中国的综合实力稳步上升，国家越来越注重核心科技的研发，而在移动互联网的大背景之下，不少中国企业也开始在核心技术层面发力，比如说华为 5G 研发。华为成功研究出 5G 之后，发布了国内首个取得入网许可证的 5G 智能手机 Mate 20 X 5G 版，相继推出华为 Mate Xs、华为 P40、华为 Mate 40 等，给手机用户带来了前所未有的改变。

 案例思考

- 当你看到我国企业引领 5G 时代有何感想？华为公司推出的华为 Mate 40 手机是新产品吗？为什么？

活动 1.1.2　理解 IT 产品整体概念

 相关知识

IT 产品整体概念包含核心产品、有形产品和附加产品 3 个层次，如图 1-1 所示。

（1）IT 产品的实质层——核心产品

所谓核心产品是指消费者购买某种 IT 产品时所追求的利益，是顾客真正要买的东西，因而在 IT 产品整体概念中也是最基本、最主要的部分。消费者购买某种 IT 产品，并不是为了占有或获得产品本身，而是为了获得能满足某种需要的功能、效用或利益。

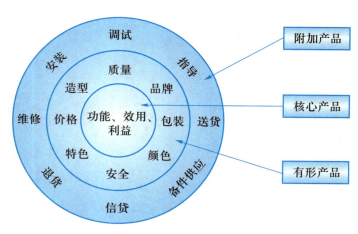

图 1-1　IT 产品整体概念示意图

（2）IT 产品的实体层——有形产品

所谓有形产品是指核心产品借以实现的形式，是消费者通过自己的感觉器官可以感觉到的部分，即向市场提供的实体和服务的形象。如果有形产品是实体，则它在市场上通常表现为产品质量水平、造型、特色、颜色、价格、品牌、包装及安全等。产品的基本效用必须通过某些具体的形式才得以实现。市场营销者应首先着眼于顾客购买产品时所追求的利益，以求更完美地满足顾客需要，从这一点出发再去寻求利益得以实现的形式，进行产品设计。

（3）IT 产品的延伸层——附加产品

所谓附加产品是指消费者购买有形产品时所获得的全部附加服务和利益，包括提供信贷、送货、安装、调试、指导、维修、退货等售后服务内容。附加产品的概念来源于对市场需要的深入认识。因为购买者的目的是为了满足某种需要，因而他们希望得到与满足该需要有关的一切。

【案例 1-1-3】从楼上摔下来都不会坏的手机

一家通信公司生产的某品牌手机十分坚固，即使从楼上摔下来也摔不坏，但这款手机的外观设计比较单一，看起来似乎很笨重。企业在促销活动方面利用视频媒体进行了大量广告宣传，其广告主题就是这款手机在通话状态下从二层楼阳台上摔到水泥地面上，仍然能保持通话。但是这款手机销售情况并不理想，因为顾客买手机并不是要把它从楼上摔下来。

案例思考

- 请你结合所学的产品层次结构理论分析这一案例，并谈谈假如你是这家通信公司的老板，你会如何设计你的产品。

_____

_____

_____

活动 1.1.3　技能训练：IT 产品整体概念分析

对下列 IT 产品做出整体概念分析，具体要求如下：

① 本训练由每个人独立完成；② 从图 1-2 所列 IT 产品中任选至少一种，分析其所包含的产品整体概念中各层次的具体内容；③ 要充分发挥你的聪明才智，写出与别人不同的观点来。

服务器

路由器

血压仪

手机

数码相机

台式计算机

图 1-2   各种 IT 产品

你选择的 IT 产品是：

整体概念分析：

教师点评：

任务 1.2　理解 IT 产品市场及市场生命周期

问题引入

- 调查你的家人从拥有第一部手机至今总共换了多少部手机？他们换手机的主要理由是什么？

你知道吗？

在营销学习中要注意分清需要、欲望和需求三者的真正区别。需要是指人们缺乏某种东西的状态。欲望是指人们特别想得到某种东西的表现或心理愿望。需求是指人们愿意购买而且有货币支付能力的需要，即有购买能力的需要。也就是说，要区分三个概念，要看有没有支付能力。营销人员所追求的就是有效需求，市场需求越大，企业赢利机会就越多。

从目前的 IT 产品市场来看，市场需求旺盛，市场前景非常好。手机和计算机已成为人们生活中必不可少的物件，且更新换代较快。这给 IT 产品营销人员带来了机会，关键看是否能抓住和利用这有效而旺盛的市场需求。

活动 1.2.1　理解什么是市场

相关知识

关于市场，可以从以下几个方面来理解。

- 按照传统的观念来解释，市场就是买卖交易的具体场所。
- 从经济学的角度去理解，市场就是各种交换关系的总和。它包括有形商品的交换和无形商品的买卖。因为类似专利、劳务、知识产权、服务等商品是看不见、摸不着的无形商品，它不可能有具体的交换地点和场所。
- 从市场营销的角度理解，市场是现实购买需求和潜在购买需求之和。
- 从市场具备的条件来分析，市场＝人口＋购买力＋购买欲望。三个要素缺一不可，必须同时具备这三个要素才能够形成有效市场。

【案例 1-2-1】向不穿鞋的人推销鞋子

一家制鞋厂先后派了两名推销员到一个小岛打开市场。第一名推销员到这个小岛上后发现这个岛上的人都不穿鞋，所以他认为向这些人推销鞋似乎是不可能的。而第二名推销员到了这个小岛后，发现这个岛上的人们都不穿鞋，认为蕴藏着巨大的商机。经过努力，他果然成功地向小岛上的人推销出了公司生产的鞋子。

案例思考

- 请用市场理论来分析，这两名推销员失败与成功的关键是什么。

_____

_____

_____

活动 1.2.2　了解 IT 产品市场生命周期

相关知识

（1）产品市场生命周期概念

产品市场生命周期是指一种产品从投入市场开始到退出市场为止所经历的周期性变化的时间。这个时间的长与短，主要取决于技术进步、市场对产品的需求变化和产品的更新换代速度。

产品市场生命周期与产品使用寿命必须加以区分，产品使用寿命是指产品的耐用时间，也就是产品从投入使用到损坏报废为止所经历的时间。有些产品使用寿命很短，但市场生命很长，如鞭炮、粉笔、饮料就属于这一类。有些产品使用寿命很长，但市场生命未必长久，如某些时装。

（2）产品市场生命周期各阶段划分

产品市场生命周期，一般要经历产品研发期、导入期（也称为试销期）、成长期、成熟期和衰退期 5 个阶段，如图 1-3 所示。研发期始于企业构思开发新产品。在研发期产品销售量为零，企业投资逐渐增加。因为，这个阶段需要投入大量的人力、物力和财力进行市场调研，聘请专业人士进行论证，反复试制，直到成功研制出第一件合格产品为止。所以，这个阶段企业是亏损的，没有利润。

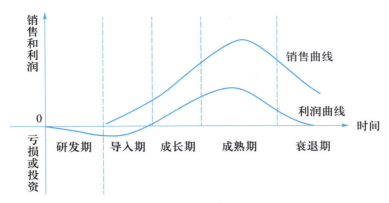

图 1-3　产品市场生命周期 5 个阶段

（3）产品市场生命周期各阶段特点及应对策略

围绕产品市场生命周期要明确 4 个问题：产品的市场生命是有限的；产品销售要经过产品生命周期的不同阶段，每一阶段对销售的要求不同；在产品生命周期的不同阶段，利润有升有降；在产品生命周期的不同阶段，产品需要不同的市场营销、财务、制造等方面的策略。表 1-2 比较了导入期、成长期、成熟期、衰退期 4 个阶段的相关特征与对策。

表 1-2　导入期、成长期、成熟期、衰退期 4 个阶段的相关特征与对策

生命周期阶段		导　入　期	成　长　期	成　熟　期	衰　退　期
特征	市场需求状况	确认对新产品的需求量，新产品上市试销，其销售量非常低	需求量急剧地增加，市场规模急速地扩大，销售量快速增长	需求量横向发展，老顾客更换旧品，只有少数新的消费者，销售量增长缓慢	由于新产品的出现，对本产品的需求量减少，销售量迅速下降
	市场抵抗	市场抵抗性强，开始展开试销，少数人使用	市场抵抗性少，使用频率提高，也有再度购买的情况	无抵抗性，市场完全被开发，市场占有率呈巅峰状态	市场占有率降低，市场规模逐渐萎缩
	消费者	创新的顾客	市场大众	市场大众	延迟的顾客
	经销商	经销商虽存疑心，但开始尝试销售	经销商积极销售，逐渐提高销售量	经销商已完全掌握市场，各自相互竞争	经销商兴趣降低，数量也剧减
	竞争者	竞争对手最少，竞争缓和	竞争对手增加，彼此竞争激烈	竞争对手最多，有的只好半途退出，非价格竞争非常激烈	竞争对手锐减，但尚有若干对手存在
	营销费用	推广费用高	推广费用低	推广费用高	推广费用低
	利润	实际的收益较少	单位利润达到最高	单位利润稳定，总利润最大的时期	总利润逐渐降低
对策	策略特点	市场扩张	市场渗透	巩固占用率	酌情退出
	营销重点	产品知晓	品牌偏好	品牌忠诚	选择性

续表

生命周期阶段		导 入 期	成 长 期	成 熟 期	衰 退 期
对策	产品特点	基本的	改进的	多变的	合理的
	价格	高价或低价	较低价	合理价	低价
	分销	零星的	增加网点	网点最大化	尽可能减少网点
	促销	信息培训	强调竞争差异	以提醒为导向	最小化促销

企业如果能够准确把握产品处于市场生命周期哪一个阶段，就能有针对性地采取相应的措施和策略，想尽办法将产品市场生命周期延长到最佳状态。反之，则有可能本来产品市场生命还未终结，但由于企业未能准确判断产品市场生命周期而提早退出市场。

IT 产品正是一种更新换代比较快，技术要求很高的产品。其市场生命周期更是因产品的不同而各不相同。正确把握 IT 产品的生命周期，针对不同阶段采取与之相匹配的营销策略是每个 IT 产品营销人员的重要能力。建议读者在学完后面所有营销策略之后，回过头来温习 IT 产品市场生命周期内容，相信将会有更多、更新的认识。

【案例 1-2-2】服装店的妙招

某服装店销售的任何商品都很热销，资金周转非常快。

有一年年初，该服装店推出了约 1 万套新时装，这款时装在大部分城市中才刚刚露面，顾客感到十分新鲜，有极强的吸引力。尽管这款时装的定价高达普通服装的五六倍，但照样销售渐旺。

可是，到了当年 6 月，各个服装店相继大批推出这款时装，该服装店一反常态，在继续推出两万套这种时装时，将价格降到只略高于普通服装的价格。这个消息传到了其他城市，商家、顾客都闻风而来，仅用了两天时间，两万套时装就销售一空。

又过了半年，当这款时装已不那么吸引人时，该服装店又以"成本价"出售，每套时装的价格还不到普通服装的 60%。这时，对于一些经济拮据的顾客来说，无疑是尝试这款时装的时候了，因此这种过时服装在该服装店里依然十分畅销。

案例思考

- 服装店成功的妙招给你什么样的启迪？

_____

_____

_____

活动 1.2.3　技能训练：分析 IT 产品市场生命周期

同学们正值青春年少，是我们生命进程中奋斗拼搏且最为宝贵的时期，请分析如图 1-4 所示的 IT 产品分别处于产品市场生命周期的哪个阶段，并简要说明理由。

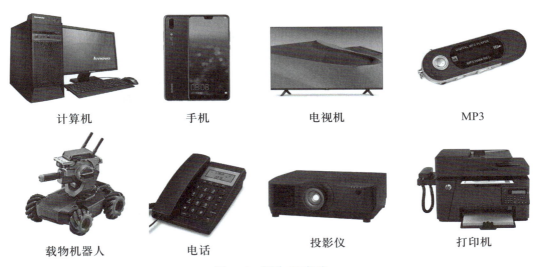

| 计算机 | 手机 | 电视机 | MP3 |

| 载物机器人 | 电话 | 投影仪 | 打印机 |

图 1-4　部分 IT 产品

处于导入期的产品：_____

理由：_____

_____

_____

处于成长期的产品：_____

理由：_____

_____

_____

处于成熟期的产品：_____

理由：_____

_____

处于衰退期的产品：_____

理由：_____

_____

_____

教师点评：

_____

_____

_____

任务 1.3　认识不同类型的 IT 产品

问题引入

- 很多人认为 IT 产品就是计算机类产品，你赞同这一说法吗？为什么？

_____

_____

_____

你知道吗？

　　IT 产业是从事 IT 产品的研发、制造、销售、服务、传媒以及 IT 人才培养的行业。IT 实际上有三个层次：第一层是指硬件，主要包括数据存储、处理和传输的主机和网络通信设备；第二层是指软件，包括可用来搜集、存储、检索、分析、应用、评估信息的各种软件，它包括我们通常所说的 ERP（企业资源计划）、CRM（客户关系管理）、SCM（供应链管理）等商用管理软件，也包括用来加强流程管理的 WF（工作流）管理软件、辅助分析的 DW/DM（数据仓库和数据挖掘）软件等；第三层是指应用，指搜集、存储、检索、分析、应用、评估使用各种信息，包括应用 ERP、CRM、SCM 等软件辅助决策，也包括利用其他决策分析模型或借助 DW/DM 等技术手段来进一步提高分析的质量，辅助决策者作决策。

活动 1.3.1　熟悉 IT 产品的分类

 **相关知识**

目前对 IT 产品的分类标准尚未统一，而且随着现代信息技术的快速发展和应用领域的不断扩大，IT 产品的种类也在不断增多。无论从国际市场看，还是从国内市场看，IT 产品有着技术含量高、更新换代快、应用领域广等特点。

表 1-3 列出了 IT 产品的常见分类以及每一分类的具体产品。

表 1-3　IT 产品的常见分类以及每一分类的具体产品

分　类	细　分　标　准		具　体　产　品
计算机类产品	硬件	内部设备	电源、中央处理器（CPU）、主板、硬盘、内存、显卡、声卡、光驱等
		外部设备	显示器、移动硬盘、光盘、磁盘、键盘、鼠标、音箱、打印机、扫描仪、摄像头、数码相机等
	软件	系统软件	操作系统、程序设计语言的编译程序、数据库管理程序、系统辅助处理程序等
		应用软件	文字处理软件、信息管理软件、辅助设计软件、实时控制软件等
网络类产品	—		网卡、调制解调器、服务器、交换机、路由器等设备
通信类产品	通信终端		固定电话、传真机、电报、手机、对讲机、电话机配附件、手机配件、电话卡、网络电话
	通信器材		卫星、GPS 系统、RF 模块、天线、通信线缆、光纤、双绞线、传输交换设备、无线网络设备、无线电发射、接收机、通信检测仪器等
电子数码类产品	—		数码相机、数码摄像机、单反相机、单电相机、数码影音设备（如 MP3/MP4/MP5、耳机/耳麦、数码相框、录音笔）、电子词典、学习机、高清望远镜、智能电子仪器仪表、电子数码医疗机械、智能家电等
其他	—		其他 IT 产品

【案例 1-3-1】根据客户要求制定装机配置单

兴华社区居委会王主任为了规范本社区日常办公及提高工作效率，准备购置 5 台台式计算机。王主任来到联想门店咨询并提出了自己的要求。小赵接待了他，为其进行需求分析

（见表 1–4），并列出了配置清单（见表 1–5）。

表 1–4　客户需求分析

主要用途	日常办公，主要处理日常文档、编辑图片及浏览网页		
单机价格	2 000～2 500 元	购置台数	5 台
特殊需求	1. CPU 要选用 Intel 品牌； 2. 显示器需为 LED（液晶），尺寸不限； 3. 硬盘最好为 500 GB 以上； 4. 为了配合整体办公环境，需要整机外观为黑色		

表 1–5　制定配置单

客户机型	经济办公型计算机		
配置	品牌型号	数量	单价
CPU	Intel 奔腾金牌 G6400，2 核心 /4 线程，4.0GHz 主频	1	￥499
主板	微星 H410M-A PRO	1	￥489
内存	金士顿 8 GB 内存，DDR4，2666 MHz	2	￥199
硬盘	西部数据，1 TB	1	￥219
机箱	先马剑魔 K3	1	￥86
电源	长城 HOPE-4500DS	1	￥199
显示器	联想 E1922sw	1	￥499
键鼠装	罗技 MK120 键鼠套装	1	￥89
业务员	赵 ××	客户签字 王 ××	合计金额 ￥2 279

案例思考

- 做任何事之前都需要做好充足的准备工作。要配置好一台计算机，必须熟悉目前的市场信息。可以通过哪些途径获取这类信息？假如你是小赵，你又是如何根据客户需求进行合理配置订单的？原则是什么？

活动 1.3.2　了解 IT 产品应用领域及需求特点

相关知识

IT 产品应用领域非常广泛，小到个人家用，大到国防、水利、电力等领域。"神舟十二号"载人飞船上天，"奋斗者号"载人深潜器潜入海底，都离不开 IT 产品。IT 产品需求主要有以下几个方面的特点。

① 市场需求不断呈现旺盛态势：随着个人及家庭收入的不断增长，人们对笔记本电脑、手机、GPS 车辆导航、数码产品等的实际需求量在不断上升。现代高新技术的发展也给 IT 产品市场带来很大空间。

② 用户对 IT 产品的质量及服务要求越来越高：随着人们消费观念的不断提高，人们在选择 IT 产品时，更注重质量标准及售后服务内容。

③ 用户的品牌意识在增强，越来越注重品牌。

④ 用户在购买 IT 产品时，尽可能地选择正规、合适的销售渠道。

⑤ 用户对 IT 产品营销策略的感受，更多地从感性趋于理性。

⑥ 用户对 IT 产品的更新换代要求越来越高。

⑦ 用户对部分 IT 产品的需求呈现出个性化特点。

了解以上这些 IT 产品市场需求特点，将有助于销售人员分析后续 IT 产品营销策略，更有针对性地开展营销战略，达到销售目的。

【案例 1-3-2】格力空调的营销策略

珠海格力电器股份有限公司（以下简称格力）是一家集研发、生产、销售、服务于一体的家电制造商。自 1995 年起，格力空调在中国连续二十余年产销量都是第一。格力要想继续领跑国内市场，进一步扩大市场份额，就必须结合自身优势进一步调整营销策略。为满足市场需要和不同消费者的购物需求，格力采取投资组合扩张战略，增加产品种类和产品项目，扩大经营范围。格力还加强销售技巧培训、产品培训、技术培训、管理培训等，推动空调产品的销售。此外，格力深知服务营销已经成为企业的重要营销手段，在提升产品本身优良质量的情况下，更加关注售后服务，树立自己的社会信誉，传播企业形象。格力在管理上不断创新，引入新的质量管理方法，推行卓越绩效管理模式，加大拓展国际市场力度，向国际化企业发展。

案例思考

● 你认为格力空调满足了 IT 产品市场需求哪些重要特点而赢得市场份额？

_____

_____

_____

活动 1.3.3   技能训练：识别常见 IT 产品种类及其品牌

【活动要求】① 以两人为一个小组，完成此项任务；② 填写表 1-6；③ 可以参考网络资源来完成此次活动任务；④ 每种产品的主要品牌至少写出 6 个。

表 1-6   部分 IT 产品及其品牌

序号	IT 产品图片	IT 产品名称	主 要 品 牌
1			
2		3.5 英寸台式机硬盘	
3		主板	
4		内存	

续表

序号	IT 产品图片	IT 产品名称	主 要 品 牌
5			
6			
7		服务器	
8			

教师点评：

IT 产品营销人员职业素养

　　销售人员是一个企业的重要角色，每一个项目的成功都依赖于销售队伍与客户的联络和沟通。无论成交与否，客户第一次接触销售人员后都会在头脑中形成对企业的第一印象。企业以什么样的形象面对公众，甚至经营者展现了怎样的姿态，完全靠第一线销售人员的职业素养。可以说，拥有一支怎样的销售队伍就会拥有怎样的企业文化和企业形象。所以，营销人员的职业素养及服务态度对任何企业都是至关重要的。

任务 2.1　掌握 IT 产品营销人员职业素养要求

 问题引入

● 如果你是 IT 产品营销人员，你认为对你的职业素养要求是什么？

_____

_____

_____

 你知道吗?

　　一个人在职场中的成功与失败，固然与他的能力和专业知识有关，但是，在职场要成功，最关键的并不在于他的能力与专业知识，而在于他所具有的职业素养，即劳动者对社会职业了解与适应的一种综合体现，主要表现在职业兴趣、职业能力、职业个性及职业情况等方面。在工作中需要知识，但更需要智慧，而最终起到关键作用的就是素养。缺少这些关键的素养，一个人将一生庸庸碌碌，与成功无缘。拥有这些素养，会少走很多弯路，以最快的速度通向成功。

活动 2.1.1　了解什么是职业素养

 **相关知识**

职业素养是职场人士在职业活动中需要遵守的行为规范，量化后称为职商（Career Quotient，CQ），概括起来可包含 4 个方面：职业道德、职业思想（意识）、职业行为习惯、职业技能。前 3 个方面是职业素养中最基本的部分，属世界观、价值观、人生观范畴，从出生开始在人生各阶段逐渐形成；而职业技能是支撑职业生涯的重要内容，比较容易通过学习、培训获得。例如，计算机、英语等属职业技能范畴，可以通过几年的时间掌握入门技术，在实践运用中日渐熟练、精通进而成为专家。但很多企业认为，如果一个人基本的职业素养不够，比如说忠诚度不够，那么技能越高的人，其隐含的危险越大。

【案例 2-1-1】公而忘私，恪尽职守

在远古时代，黄河流域洪水泛滥，人们深受其害。舜派鲧治水不成，又派禹继父业治水。当时禹刚刚结婚，他离家外出，带领大家疏通了很多河道，让洪水通过河道流入大海。他用了 13 年时间，终于制服了洪水。禹在治水过程中公而忘私，三次路过家门，也不进去看一看。他把天下有人淹死看成是自己没有尽到责任，全心全意治水。他这种克己奉公的敬业精神，一直受到后人景仰。

 案例思考

- 通过禹治水的故事，我们从禹身上学习到了什么？对我们将来的工作会有什么影响？

【案例 2-1-2】遵纪守法，诚实守信

一个顾客走进一家汽车维修店，自称是某运输公司的汽车司机。"在我的账单上多写点零件，我回公司报销后，有你一份好处。"他对店主说。但店主拒绝了这样的要求。顾客纠缠说："我的生意不算小，会常来的，你肯定能赚很多钱！"店主告诉他，这事无论如何也不会做。顾客气急败坏地嚷道："谁都会这么干的，我看你是太傻了。"店主火了，他要那个顾客马上离开，到别处谈这种生意去。这时顾客露出微笑并满怀敬佩地握住店主的手："我就是那家运输公司的老板，我一直在寻找一个固定的、信得过的维修店，你还让我到哪里去谈这笔生意呢？"

案例思考

- 如果汽车维修店店主答应顾客的要求，在账单上多添加一些零件，结果会怎样？

_____

_____

_____

【案例 2-1-3】司马迁退礼

汉武帝时期，司马迁担任太史令，于太初元年着手编撰《史记》。有一天李广利将军派人给司马迁送了一份礼物。司马迁的女儿小心翼翼地把礼物打开，里面装了一对晶莹剔透上好的玉璧。司马迁看着玉璧，说："真是白璧无瑕啊！白璧最可贵之处就是因为它没有瑕疵，人也是一样，如果我收下这白璧，那么思想上的瑕疵就要多了。"之后便把白璧退还给李广利了。

案例思考

- 通过本案例，你领悟到了什么？

_____

_____

_____

活动 2.1.2　营销人员必备的九大基本职业素养

相关知识

1. 自信

自信是走向成功的必要条件。我们每人要面对形形色色的人和事，简单的、复杂的、喜欢的、讨厌的、未知的、可知的……但我们都必须去面对。问题的关键是，你是积极地面对，还是消极地面对。要做到积极面对，自信是必不可少的职业素养。自信的人遇到问题会想方设法解决，而不自信的人遇到问题首先想到的是如何避开问题。这就是人们常说的，自信的人找方法，不自信的人找问题。

2. 强烈的责任感和使命感

优秀的销售人员需要强烈的责任感和使命感。在日常的工作生活中，经常听到这样的话："这是 ×× 部门的责任，不是我们的错……"类似这样的托词数不胜数，部门推部门，下级推上级，上级推下级……这种人整天思考的是如何推诿，如何逃避责任。可是生活所赋予我们的不仅有权利，更多的是不可推卸的责任。在家庭中，我们必须承担为人子女、为人父母、为人夫、为人妻的责任；在社会活动中，我们必须承担为人朋友、为人同学的责任；在单位中，我们必须承担为人同事、为人上级、为人下级的责任；在工作中，我们必须承担实现工作目标的责任……一个没有责任感和使命感的人，生活本身早已失去了意义。

3. 学习能力

学习能力是使自身持续发展、与时俱进、不被时代所淘汰的重要能力。这里说的学习不仅仅局限于学习书本知识。有人说，人要学会做一块海绵，海绵具有吸水的能力，而我们吸取的则是别人身上的优点。有些人总认为自己的做法和想法都是对的，常常会带着挑剔的眼光去看待身边的其他人，认为对方这个不好那个不好。营销人员应在自信的同时以一种谦虚的心态去面对身边的人和事，学会欣赏社会中的每个人、每个企业存在的闪光点，虚心地学习其优点，并结合自身特点有效地吸收消化，才能使自己不断成长，不断强大。

4. 计划能力

计划能力是保障各项任务按时顺利完成的必备素质。"运筹策帷帐之中，决胜于千里之外""夫未战而庙算者胜"。行动前的计划是营销人员每天必做的功课，包括日计划、周计划、月计划、年计划等，只有确定了明确的目标，针对销售目标制订出合理的销售计划，后期的工作才会目标明确，有条不紊。营销人员最忌讳的是工作的盲目性。

5. 执行力

再好的计划，必须不折不扣地执行才能实现预期的目标。作为营销人员，执行力对于目标达成尤为重要，许多企业都在强调执行力的重要性，然而，真正落实却难度很大。

6. 总结能力

总结对任何一项活动都很重要，只有总结才能了解自己的不足，把握自己的优势，从而扬长避短。在营销活动中总结更是必不可少的一个环节，只有不断地总结，才能修正营销工作中的偏差，从而得出可贵的经验和教训，才能更好、更快地成长和发展。

7. 沟通能力

营销是与人打交道的工作，因此沟通尤为重要。高品质的沟通可以快速实现销售目标，提升销售业绩；可以消除人与人之间的隔阂，使人际关系更加融洽；沟通可以避免一盘散沙，使团队的合作更加默契，团队更具凝聚力。需要注意的是，高品质的沟通不是具备雄辩的口才就可以了，更多的是真诚和包容。沟通最忌讳的就是欺骗，欺骗只是一时的，而真诚才是永远的。怀着一颗包容的心，沟通无处不在。我们所接触的每个人都是一个不同于其他任何人的独立个体，我们不能总以自己的标准来衡量他人。包容的目的是为了求同存异，"海纳百川，有容乃大"就是这个道理。

8. 时刻保持激情

激情来源于良好的心情，要想做到保持激情，就得调整好心态。几乎所有的营销人员都有过这样的经历，刚进入营销行业，或者刚进入一家新公司，或刚升迁至一个新的岗位时，自己对新环境或新岗位有着几分陌生的同时却总是激情飞扬，始终会感觉脑子里有根紧绷的弦，这时往往是最容易出业绩的时候。随着时间的流逝，对所从事的工作逐渐熟悉、熟练，当初的那根紧绷的弦也不知不觉地消失得无影无踪了，没有了当初的激情。做营销工作最怕的就是丧失激情，一旦没有了激情，就会失去了积极工作的动力，工作只能是被动地去接受，甚至对工作敷衍了事。因此，营销人员应时时寻找工作中的新鲜感，保持一种激情。

9. 团队合作能力

再出色的营销人员，也不能够脱离团体而单打独斗。重视与团队成员的有效协作，是取得良好业绩的重要保障。在团队沟通时，说和听同样重要。在真诚地聆听不同的建议和意见的同时，又能够清晰地阐明自己的想法并激发整个群体的共鸣才能真正地实现团队合作。

【案例 2-1-4】认识你自己

上海一家民营企业家王先生招聘员工，他给刚出校门的学生月薪一般为 3 500 元。但他表示，这一工资数目并不代表对应届大学生现有能力的评价，更不代表对其今后能力的评价，而仅仅代表企业提供的这个岗位的"价码"。王先生曾面试过不少大学生，对于"愿在基层工作几年"的提问，很多人回答"干几个月"，有些人甚至答"几个星期"。王先生说，这些大学生没有工作经历，却想一来就干主管以上岗位。"其实我的初衷是将他们当主管、部门经理等中层干部来培养的，可他们不愿从基层起步。"这一方面说明大学生对自己缺乏正确的定位，尚未意识到自身的差距；另一方面也说明他们缺乏自信，害怕自己被一直安排在基层岗位上。

案例思考

- 你认为中职毕业生在求职过程中应该怎样做？

_____

_____

_____

【案例 2-1-5】修路原则

一家公司的办公室坐落在一座豪华写字楼里，落地玻璃，非常气派。这天，来访客人因没看清楚，头撞上了明亮的玻璃大门。大约过了不到一刻钟，竟然又有另外一个客人在刚才同一个地方头撞玻璃。

前台接待小姐看到这里，忍不住笑了，仿佛在说："这些人也真是的。走起路来，这么大的玻璃居然看不见。眼睛到哪里去了？"

其实，解决问题的方法很简单，只要在玻璃门上贴上一根标志线或公司 Logo，即可提醒来访客人。为什么这里多次出现问题却没人来解决呢？这一现象背后隐含着一个解决问题的思维方式，即"修路原则"。按照"修路原则"，正确的反应是：是谁修了一条让人这么容易摔跤的路？如何修正这条路，才不至于再让人在这里摔跤？

案例思考
- 你是否曾遇到过类似的现象？你是怎么看待这个问题的？

_____

_____

_____

活动 2.1.3　IT 产品营销人员的职业素养要求

 相关知识

1. IT 产品营销人员应有的职业道德

① 严格遵守行业规定、公司规章制度和领导指示。

② 热爱营销工作，忠实于公司，守信于客户。

③ 顾全大局，恪尽职守，勇于承担责任。

④ 以高度的工作热忱直面挑战，不畏艰辛，拼搏进取。

⑤ 在职责范围内，能以准确的眼光和较强的判断力，自信地处理业务。

⑥ 通晓市场，熟知产品，激情开拓，扩大销售。

⑦ 善于捕捉信息，反应敏捷，及时抓住商机。

⑧ 言行有礼，举止文明，维护公司的形象。

⑨ 与上司、部属、同事及其他部门有关人员建立协调、和谐的工作环境。

⑩ 站在市场的角度进行各方面知识的自我更新。

2. IT 产品营销人员应有的工作态度

身为第一线的营销人员，一举一动代表着品牌的形象和企业的风范。我们所销售的绝不仅是商品实体本身，同时也是在销售商品的附加价值，使顾客在身心上都获得满足，从而乐意再度光临，因此，应以最佳的服务使顾客获得最大的满足。营销人员必须具备以下的工作态度。

（1）对顾客一视同仁

不要因为顾客的衣着、外表、年龄及购买商品金额的多少给予不同待遇，每一个人都是公司潜在的顾客，每一个顾客对公司都是同等重要。

（2）以顾客的需求为出发点

时时刻刻站在顾客的立场，为顾客着想，对顾客所期望的事用心考虑如何去满足，这样的服务才能令人觉得有价值。顾客心理上的满足感来源于其需求的满足和愿望的实现。

（3）亲切服务

顾客购物时，需要获得尊重与关怀，当顾客接近商品时，必须仔细观察其表情变化、行为动作，不要过度热情，但也不要不理不睬，而要恰到好处，在顾客需要的时候提供服务，使顾客感到我们的服务体贴入微，且富有人情味。

（4）诚意待客

对顾客的招呼、言语的应对、商品的推荐说明等，都必须表现出发自内心的诚意，顾客最忌讳的是"只想卖出商品"的虚伪态度，与顾客约定的事情，不论大小，均应遵守。

（5）个人的服务代表着企业和品牌的整体形象

不要以为个人只不过是企业的一小份子而已，每一个营销人员的一言一行都直接影响着顾客对企业、品牌及商品的认识。营销人员良好的表现会使企业给顾客留下美好的印象，从而使企业品牌的形象在无形中得到提升。如果顾客对营销人员产生了强烈的认同感和信赖感，就会进一步成为忠实的顾客。

3. 店面营销人员的销售前准备

（1）营造干净整洁的店铺环境（见图 2-1）

图 2-1　干净整洁的店铺环境

① 每天上班前应将自己的工作环境整理干净，与销售不相关的私人物品应妥善收藏。

② 自己经营的商品橱窗、柜台等，要时刻保持货品陈列的和谐及美观，并应时常更新陈列。

（2）检查销售商品

① 对所销售商品的种类、尺寸、品质、货号以及库存应该了如指掌，并且研究销售情况。

② 有新商品推出时，要主动、认真地从主管或送货人员处学习有关商品的知识，以便为顾客介绍。

③ 价格标签要查看是否放置端正，内容是否准确。

④ 对商品要像对自己的东西一样爱惜，商品转移（调进或调出商品）要逐一核对单据，并仔细检查是否有不良成品或价格不符等问题。

⑤ 商品若有问题，应主动向主管反映，以维护商品的形象及信誉。

（3）保持良好服务态度

① 自我仪容检查：

- 头发是否梳洗整齐？
- 双手是否干净？
- 脸部是否干净？化妆是否得当？香水味是否过浓？
- 鞋袜是否色泽和式样都得当？
- 制服是否穿着整齐？是否有佩戴不当的饰品？

② 保持热诚和亲切的微笑。

温馨的微笑是最好的见面礼，每天对同事亲切地微笑并问声"早""一日之计在于晨"，每天早上愉快的心情会感染整天的工作情绪，创造比商品更强的魅力。

③ 培养自制力。

"顾客永远是对的"，店面销售人员必须牢记这句话，并随时随地注意控制自己的情绪。销售人员无论具有多么高超的销售技巧，如果给顾客难看的脸色、斥责顾客或与顾客发生争执，都会严重影响业绩和企业形象。所以，能培养坚忍的自制力，才是最优秀的销售人员。

【案例 2-1-6】压在柳传志心头的石头

联想集团前董事长柳传志曾说过这样一件事。1986 年，联想公司替国外一家公司代理销售服务器，一个客户购买的服务器出了问题，但未能联系到国外的这家公司，无法赔偿，联想于是欠了客户两万元的账，这件事后来成了压在柳传志心头的一块石头。几年后柳传志偶然有机会碰到那个客户，赶紧将两万元钱还给对方，这才卸下了心头的这块石头。

案例分析

> • 欠账的经历似乎每家企业都有，或许每个企业家都或多或少地承受过类似的良心谴责，可是能够公开说出来的没有几个，柳传志做到了。所以，他更受尊重，也赢得了更多人的信任。经营企业最需要的、用户最认可的就是坦诚。

【案例 2-1-7】顾客要买的不是商品

有一家商店，老板是一位老实本分的中年人，但商店一直经营惨淡。有一天，一位勤工俭学的学生来到这家商店，问老板要不要招聘临时工做帮手。老板苦笑了一下，耸耸肩说："我这里生意并不好，根本不需要再招聘帮手！"

"那么您是否想过要改变现状呢？"这位学生说。

"当然想过！而且我也一直致力于此，可是所有的努力都无济于事！"老板正无奈地说着，一位顾客走进了商店，那人看了看陈列在货柜上的商品后说："给我一瓶海飞丝洗发水！"

"太遗憾了，先生！"老板愧疚地说，"我这里没有海飞丝洗发水！"

"没有？"那位顾客迟疑了一下，离开了商店。

没多久，又有一位中年人来到商店里对老板说："给我一箱安慕希酸奶！"

老板再次无奈又愧疚地说："真对不起，这段时间安慕希酸奶供货很紧张，暂时没货！"

那位顾客一听，扫兴地走了。

这时，那位学生走了过来问："老板，您认为顾客到商店里来时想要买什么？"

"那还用问，当然是来买商品。"老板觉得这位学生实在是太无知了，竟然会问出这么简单的问题来，"你刚才看到了，因为我的备货品种不齐全，导致许多生意都做不成，所以我将储备更多不同品牌和品种的货物！""适量增加商品的品牌和品种是有必要的，但不是必需的！您想，您这里能容纳全世界所有牌子和品种的商品吗？您的成本能允许您那样做吗？假如我现在想买一双圆口布鞋，您是不是也想到去批发一些圆口布鞋来呢？"学生说。

"这……"老板不禁语塞，"那我只能对你说抱歉了，我这里根本没有圆口布鞋！"

"我之所以想买布鞋，无非是觉得穿着它宽松舒适，您虽然没有布鞋，但您完全可以介绍其他穿着也能让人觉得宽松舒适的鞋子给我，因为我想要的其实并不是布鞋本身，而是一种能让脚舒适的感觉！所以，顾客要买的并不是商品本身，而是一种感觉上的需求！"

老板似懂非懂。

"对！任何一位顾客要买的都是一种感觉上的需要，走进皮鞋店的顾客，他要买的并不是某一双皮鞋，而是要买一种沉稳与尊贵；一位走进化妆品店的女士，她所要买的并不是某一款化妆品，而是要买一种美丽！拿您刚才那两位顾客来说，第一位实际上是买一种让头发干净的感觉，第二位实际上要买一种营养，您虽然没有海飞丝洗发水，但是有许多其他牌子的洗发水，虽然没有安慕希，但是您有其他酸奶。在您说完抱歉之后，完全可以推荐其他牌子的洗发水和酸奶，并且尽一切能力让他们知道您推荐的商品比他们原先想买的商品更好、更适合他们！"那位学生说。

这一番话后，终于使老板彻底明白自己商店的销售状况为什么不是很好了，原来问题出在自己身上，之前一直以为顾客要买的只是某一种商品，没想到他们真正想要买的却是一种感觉！

从那以后，一有顾客上门，他就在心里琢磨隐藏在顾客内心里那种"想要的感觉"是什么，遇到店里没有商品再也不仅仅说抱歉了，他会根据顾客心中那种"想要的感觉"来推荐其他商品，不仅不会让顾客空手而回，更让顾客觉得他的服务热情和周到，老顾客也越来越多，生意也越做越红火。20 多年以后，这位老板成为了一家大型连锁超市的企业主。

 案例思考

- 通过这个案例，你明白什么道理？

_____

_____

_____

活动 2.1.4   IT 产品营销人员职业技能的基本要求

 **相关知识**

营销人员是一个庞大的社会群体，在就业人口中占有相当大的比重。特别是在 IT 企业中，营销人员甚至达到企业员工总数的 60% 以上。营销人员职业素养的水平，决定整个企业水平的高低，也影响企业的整体形象。

一般来说，IT 产品销售的门槛比其他行业的门槛要高，因为它销售的是技术含量很高的产品。作为一名 IT 产品营销人员应具备以下职业技能：

① 要具备计算机硬件、软件的完整知识体系。

② 平时对 IT 产品保持强烈的兴趣，能够踏实钻研。

③ 要对所销售的产品和服务了如指掌，能给客户提供高质量的服务。

④ 能建立广泛的人际关系，有开拓市场、把握市场的能力。

⑤ 有一定的市场开拓能力，能够洞察顾客购买心理，具备抓住交易时机的技能。

⑥ 具备一定的谈判技能。

⑦ 对IT产品的结构性能比较熟悉，掌握熟练的操作演示技能。

⑧ 具有一定的组织管理技能，懂得企业战略管理理念和战术方略。

⑨ 具有较高的应变能力，有很好的心理素质。

⑩ 熟悉相关的法律、法规常识。

【案例2-1-8】怎样的销售技巧更好?

来看看以下围绕手机销售的三段对话。

对话1

顾客："你这里有看视频效果比较好的手机吗?"

销售员："有!这个、这个，还有这个!您需要什么价位的?"

顾客："嗯，2 000左右吧，贵点也没关系，主要是音质好、画面清晰。您给推荐一款吧!"

销售员："这个不错，2 499，我打开给您看看，您也可以试用一下，效果很好的。"

顾客："噢，不用了，你给我说说就行了。"

销售员："这个是华为的，大品牌，质量好，屏幕大，6 GB内存。"

顾客："嗯，我看看……这个屏幕是多大的?"

销售员："这个是6.78英寸，1 670万色屏幕。"

顾客："哦，嗯，这个'Histen'是什么意思?"

销售员："'Histen'?这个我也不太清楚，喂，×××，你知道'Histen'是什么意思吗?"

销售员×××："我也不太清楚，应该是一种技术吧。"

顾客："哦……这样啊，那我再逛逛吧。"

对话2

顾客："这个手机都能播放一些什么样的视频啊?我喜欢在网上看些电影，播放效果好吗?"

销售员："下载视频软件就能看对应的视频，播放音质好、画面清晰。"

顾客："据我所知，网上播放视频有很多种分辨率，这款手机分辨率高吗?"

销售员："分辨率是2 388×1 080像素。"

顾客："嗯，那很好，不过我还是要看看别的，这个外观我不太喜欢。"

对话3

顾客："我想了解一下播放视频效果比较好的手机，您能给我介绍一下吗?"

销售员："当然可以，就拿这款产品来说吧，6.78 英寸，1 670 万色屏幕，最大分辨率可达……"（这位销售员足足说了 20 分钟，介绍了产品的存储容量、屏幕材质、外观参数等，甚至对于硬件参数也很了解。期间还不时用同品牌的不同型号或者不同品牌的相似型号作对比。）

顾客："谢谢你介绍这么多，你怎么了解得这么清楚？是公司给培训的吗？"

销售员："不是啊，都是自己学的，公司只是做一些基本的业务培训。"

 案例思考

- 请对比分析以上 3 组销售活动，你认为哪种销售方式相对好些？其他方式存在哪些问题？

_____

_____

_____

【案例 2-1-9】西装店打折措施

有一家西装店，由于销售量不是很好，店老板想出了一个好主意，在店门口摆放了一个大的广告牌："从明天起，来店购买西装头两天打九折，第三、四天打八折，第五、六天打七折……以此类推，到第十七、十八天打一折。"果然，头两天来光顾的顾客明显比平时多了起来，但只是看看，持观望态度，买的人几乎没有。到了第三、四天，顾客就多起来了，而且也有买的，但为数不多；到了第五、六天，店里人山人海，买的人越来越多。等到第七天还不到中午，该店里的所有服装都被抢购一空。

 案例思考

- 人们为什么不等到最后一天打一折时去买，而第七天就抢购一空？

_____

_____

_____

活动 2.1.5　技能训练：讨论 IT 产品营销人员职业素养方面存在的问题

【活动要求】① 可以以小组形式完成此项任务；② 通过举例分析目前 IT 产品营销人员职业素养方面存在的普遍性问题；③ 提出如何改进 IT 产品营销人员职业素养。

【活动过程】

举例说明目前在 IT 产品营销人员职业素养方面存在的普遍性问题。

_____

_____

_____

如何改进 IT 产品营销人员整体职业素养？

_____

_____

_____

教师点评：

_____

_____

_____

任务 2.2　了解 IT 产品营销人员销售服务礼仪

问题引入

- 你认为作为销售人员，应该具备哪些服务礼仪？

_____

_____

_____

你知道吗？

有一位心理学家曾做过一个试验：把被试者分为两组，看同一张照片。对甲组说，这是一位屡教不改的罪犯。对乙组说，这是位著名的科学家。看完后让被试者根据这个人的外貌来分析其性格特征。

甲组被试者的分析结果是：深陷的眼睛藏着险恶，高耸的额头表明了他死不改悔的决心。乙组被试者的分析结果是：深沉的目光表明他思想深邃，高耸的额头表明了科学家探索未知的意志。

　　这个实验表明：如果第一印象形成的是肯定的心理定式，会使人在后继了解中多偏向于发掘对方具有美好意义的品质；若第一印象形成的是否定的心理定式，则会使人在后继了解中多偏向于揭露对象令人厌恶的部分。因此，一名营销人员给顾客的"第一印象"，包括他（她）的穿着打扮、言谈举止、待人接物等成了交易成败关键的因素。

活动 2.2.1　了解服务礼仪的重要性

 **相关知识**

　　1. 什么是礼仪

　　礼仪是在人际交往中，以一定的、约定俗成的程序方式来表现的律己敬人的过程，涉及穿着、交往、沟通、情商等内容。从个人修养的角度来看，礼仪可以说是一个人内在修养和素质的外在表现。从交际的角度来看，礼仪可以说是人际交往中适用的一种艺术、一种交际方式或交际方法。从传播的角度来看，礼仪可以说是在人际交往中进行沟通的技巧。礼仪可以大致分为政务礼仪、商务礼仪、服务礼仪、社交礼仪、涉外礼仪等 5 大分支。

　　2. 什么是服务礼仪

　　简单来说，服务礼仪就是服务人员在工作岗位上的言谈、举止、行为等，对客户表达尊重的行为规范。服务礼仪是体现服务具体过程的方式，又是一种将"无形"的服务有形化、规范化、系统化的服务手段。有形、规范、系统的服务礼仪，不仅可以树立服务人员和企业良好的形象，更可以塑造受客户欢迎的服务规范和服务技巧，能让服务人员在与客户交往中赢得理解、好感和信任。此外，良好的服务礼仪更是企业服务规范和服务技巧的核心。

　　所以，作为服务人员来说，学习和运用服务礼仪，已不仅仅是自身形象的需要，更是提高经济效益、提升竞争力的必备利器。

　　3. 熟知服务礼仪的具体要求

　　服务礼仪主要包括仪态、言谈、礼节和仪表 4 个方面，如图 2-2 所示。

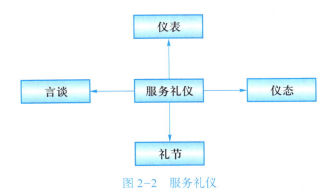

图 2-2　服务礼仪

（1）保持高雅的仪态

① 服装：必须按照规定穿着制服，且随时保持清洁、整齐。

② 头发：保持清洁，勤于梳洗，发型大方得体，避免奇异的发型。

③ 化妆：以淡雅自然为原则，切忌浓妆艳抹，指甲勤修剪，保持清洁。

④ 表情：保持温柔甜美的笑容，表情端庄，且随时保持愉快的心情，不可有冷若冰霜的态度。

⑤ 姿势：要挺拔有精神，稳重自然，不可弯腰驼背、左右倾斜或东靠西倚，如图 2-3 所示。

图 2-3　正确的姿势

⑥ 鞋袜：要穿公司规定色泽、样式的鞋，不可穿着奇形怪状或没有带子的拖鞋；丝袜以接近肤色为宜。

（2）常用礼貌用语

当接待顾客、推介商品以及送别顾客时，应随时随地运用下列 8 大用语。

① 您好，欢迎光临：当顾客接近柜台时，以微笑说出"您好，欢迎光临"，对顾客的光临怀着感激的心情打招呼。

② 谢谢：在顾客决定选购、接到款项、找还零钱、递送包装好的商品以及送客等各种时机，可多次使用。

③ 请稍候：当要暂时离开顾客或不得已要让顾客等一会儿时，使用"请稍候"或"请稍等一下"，并可说明稍候的理由及需要的时间。

④ 让您久等了：只要是让顾客等候，即使只是一会儿，也要说这句话来缓和顾客的心情。

⑤ 知道了：当了解顾客的吩咐和期望时，清晰明快的回答可以让顾客留下深刻的印象。但是注意一定要在听清楚顾客所吩咐的内容之后说这句话。

⑥ 不好意思：发现顾客的愿望无法实现时所使用的话，它隐含尊敬的意思，对顾客谦虚的表达，可提高服务的亲切感。

⑦ 对不起：与顾客接触的过程中，发现顾客感到任何不快时所使用的话，可配合肢体语言，如图 2-4 所示。

⑧ 请再度光临：待客结束时使用，不能认为顾客不买就不用说，也不能认为购买完了就结束了，应希望顾客能够继续关照明天的生意。

图 2-4　对顾客致歉

（3）适宜得体的礼节

① 会见客户或出席仪式等场合，或在前辈、上级面前，不得把手交叉在胸前。

② 坐姿：坐下后，应尽量坐端正，把双腿平行放好，不得傲慢地把腿向前伸或向后伸。

③ 公司内与同事相遇，应点头行礼致意。

④ 握手时用普通站姿，并目视对方眼睛。握手时脊背要挺直，不弯腰低头，要大方热情、不卑不亢，如图 2-5 所示。伸手时，同性间应地位高者或年长者先伸手，异性间应女方先伸手。在握手时要注意握手的时间及力度要合适。

图 2-5　握手

⑤ 出入房间的礼貌：进入房间，要先轻轻敲门，听到应答再进。进入后，回手关门，不能用力太大、粗暴。进入房间后，如对方正在谈话，要稍等静候，不要中途插话，如有急事要打断说话，也要看准机会，而且要说："对不起，打断您的谈话。"

⑥ 递交物件时，如果是递文件等，要把正面、文字朝向对方递上去；如果是钢笔，要把笔尖朝向自己，使对方容易接着；如果是刀子或剪刀等利器，应把刀尖朝向自己。

⑦ 在通道、走廊行走时要放轻脚步。无论在自己的公司，还是别的公司，在通道和走廊里不能一边走一边大声说话，更不得唱歌或吹口哨等。在通道、走廊里遇到上司或客户要礼让，不能抢行。

【案例 2-2-1】"高枕无忧"带来了什么？

有一位穿梭于各个城市做生意的"空中飞人"，经常入住酒店。他有个习惯，就是睡觉的时候喜欢"高枕无忧"，因为酒店的枕头都不高，总是要用另一张床上的枕头垫在自己的枕头下面才能睡得着。有一次入住一家酒店，第一天晚上的"高枕无忧"像往常一样自己动手，而第二天晚上回到酒店的时候，却发现了一个小小的变化——枕头变了，下层是一个普通枕头，上层是一个散发淡淡药香的保健枕头，而且比普通枕头要高。从此以后，他只要到了这个城市，就会入住那家酒店，而且还介绍朋友入住。

案例思考

● 通过本案例，你最大的收获是什么？

_____

_____

_____

【案例 2-2-2】服务不周的后果

改革开放之初，一位企业家去某地咨询投资事宜，等他赶到该地工商局的时候，还有半个多小时就要下班了。服务大厅里，五个窗口就剩下一个窗口有人——一名年轻的女工作人员正眉飞色舞地煲着电话粥。

他来到这个窗口前面，对那位工作人员连说了三次"您好"，没什么反应。差不多十分钟过去了，她终于挂了电话，看见自己的窗口前面站了人，头也不抬地说："明天再来！""可明天是周六……""那周一再来，还用我教你。"她终于抬起了头，给了个白眼。"我大老远来一趟不容易，而且现在还不到下班时间……""那我容易吗？我还要接孩子、做饭……懒得跟你说。"

"啪"的一声，最后一个窗口也关上了。可想而知，这位企业家不会在该地投资，他说，连窗口部门的工作人员都这样，那在该地的投资收益保障实在让人担心。

案例思考

- 通过本案例，你从中学到了些什么？

_____

_____

_____

活动 2.2.2　充分理解 IT 产品销售服务理念

相关知识

市场经济的特点就是竞争，而市场竞争的表现形式则是多方面、多层次的。理性的竞争带来的是进步与发展，是企业规模的扩大、积累的增加和生产要素的进步，是行业整体实力的提高，服务竞争不是某一个层次、某一领域的竞争，而是企业综合实力的较量，是企业参与市场竞争的重要方面。

很多企业专家认为，作为 IT 行业的销售人员应当树立以下 8 大服务理念。

1. 营销人员代表着企业的形象

在企业销售活动中，每一位和顾客打交道的人都代表着该企业的形象。顾客对企业的印象，最直观、最主要的因素就是对员工的看法和印象。在顾客眼中，每一位企业员工，不管是总经理还是清洁员，其一言一行、一举一动，无不代表着企业的形象。

2. 要珍惜、尊重每一位顾客

顾客是企业的衣食父母，断了客源，就等于断了财源。不满意的顾客会把他的不满告诉朋友，朋友又会告诉朋友的朋友。调查显示：开发一个新顾客的成本是保有一个老顾客的 6 倍或以上。因此，损失一位顾客，就等于损失了几十位甚至几百位顾客。当我们对一位顾客不珍惜、不尊重时，就有可能损失更多的顾客。

3. 实行"三米微笑"原则

在顾客来到我们身旁三米左右的地方时，我们要以真诚的微笑面对顾客。微笑能使顾客感觉到我们的友善、和气、礼貌、亲切、关心，如果面无表情会使顾客产生被冷落、不受重视、不受欢迎的感觉。

4. 要把顾客当作我们的好朋友

对待顾客，要像对待好朋友一样，发自内心地关心和赞美。

5. 服务无小事，从一点一滴做起

要做大事，必须先做好小事。服务是一项永无止境工作，问题不分大小，要从一点一滴做起。细微之处见真情，越是细微的东西，越难注意得到、做得好。只有从点点滴滴做起，做好每一件小事，顾客才能体会到我们的真诚，才能更加信任我们。

6. 积极、快速地处理顾客不满

对于顾客的不满，要积极、快速地处理，绝不能怠慢、拖延。

7. 信用是服务保证

面对顾客要以诚相待，包括产品介绍、送货时间、服务承诺等诸多方面都要讲究信用，说到做到。通过夸大其词、弄虚作假、隐瞒事实、欺骗顾客，也许能得到一笔交易，却永远失去顾客的信任。

8. 服务以顾客为中心

以顾客为中心是现代营销理念的宗旨，企业任何一项活动都要围绕顾客来展开。以自我为中心，服务就会变得主观，就会受自己的性格、脾气、情绪、心理、文化、社会观念所影响，必然会出现不足。只有以顾客为中心，站在顾客的角度设身处地地为顾客着想，服务才可能变得周到、完美。一个总是以自我为中心的营业员，是不会提供令顾客满意的服务的。

【案例 2-2-3】12 次微笑

飞机起飞前，一位顾客找空姐要杯水吃药。15 分钟后，飞机早已进入了平稳飞行状态。突然，乘客服务铃急促地响了起来，空姐猛然意识到：糟了，由于太忙，她忘记给那位乘客倒水了！当空姐来到客舱时，看见按响服务铃的果然是刚才那位乘客。她小心翼翼地把水送到那位乘客面前，微笑着说："先生，实在对不起，由于我的疏忽，延误了您吃药的时间，我感到非常抱歉。"但是，无论她怎么解释，这位挑剔的乘客都不肯原谅她的疏忽。

接下来的飞行途中，为了弥补自己的过失，空姐 12 次微笑道歉。

临到目的地前，那位乘客要求空姐把留言本给他送过去。这位乘客在留言簿上这样写道："在整个过程中，你表现出的真诚的歉意，特别是你的 12 次微笑，深深打动了我，使我最终决定将投诉信写成表扬信！你的服务质量很高，下次如果有机会，我还将乘坐你们这趟航班！"

案例分析

- 犯了错误不要紧，重要的是要有真诚承认错误的态度，要以最广阔的胸怀去包容顾客的"得理不饶人"，去化解顾客心中的积怨。这个案例中的空姐以她 12 次歉意的微笑最终化解了一场投诉危机，企业在面对顾客投诉的危机时，也应以最真诚、最歉意的态度去应对。在 IT 产品营销中难免会遇到这样或那样的问题，顾客会找上门来讨个说法。这时，作为营销人员一定要头脑冷静，微笑面对一切，耐心去解释，解决存在的问题，化解冲突。

【案例 2-2-4】顾客永远是对的

　　某大型家具建材零售企业一直实行无障碍退货制度。一天，一位顾客推着一套轮胎走进了这家企业的一家卖场，要求退货。工作人员感到很诧异，因为这家企业从来没有卖过轮胎，所以也就拒绝了顾客的退货要求。但这位顾客的态度却十分强硬，不依不饶，双方为此僵持不下。这时，公司的一位地区总裁恰好在这家店里。他了解清楚了情况后，一句话也没有说，只是默默地走到收款机旁，将顾客所声称的价钱一分不少地给了他。随后，这位总裁把这套轮胎挂在了收银台上方，好让每个工作人员都记住：顾客永远是对的。这家企业创始人说："那些不诚实的顾客也会信心十足地来买东西，即使他回去告诉每个人我们多傻，这也很好，因为现在每个人都来我们这儿买东西了。"

案例思考

- 你如何看待这件事情？

_____

_____

_____

【案例 2-2-5】海尔的"三全服务"创造中国彩电服务新理念

　　在天津，流传着一个"董积忠百里送嫁妆"的感人故事：一对新婚夫妇从乡下赶到天津城里，要买海尔彩电作为陪嫁，可是他们要买的这种型号恰好都卖光了。望着小夫妻依恋又失望的样子，负责商场销售的董积忠站长赶紧过来安慰，并答应送货上门。新婚夫妇将信将疑地走了。董积忠立即多方联系，经过核实，静海国合专卖店有这种彩电，但两地相距两百余里，运费昂贵，调动手续复杂，怎么办？董积忠想到用户的需求就是命令，最终用海尔服务车把一台崭新的海尔彩电"影音王"送到了新婚夫妇家中。正在准备婚事的小夫妻几乎不相信自己的眼睛，新娘激动得跳起来。新郎面对准备整齐的嫁妆，连声致谢说："海尔彩电让我们幸福生活更美满。"

海尔全天候 24 小时服务做到了以诚待客的典范：这种温馨的服务举措看似举手之劳，却充分展示了名牌企业处处为消费者着想的求实精神。海尔是中国第一家推出"三全"服务的彩电生产企业，它几乎囊括了服务方面的所有内容。这种服务措施的推出，对整个行业的服务都起到了规范和推动作用。

 案例思考

- 读完这个故事，你是否向往这对新婚夫妇得到的服务？你认为营销服务人员应不应该这样做？为什么？

_____

_____

_____

【案例 2-2-6】顾客是上帝

有一个在商界流传甚广的故事。一天，一个灰头土脸的乞丐走进一家富丽堂皇的星级饭店，要买一个豆沙包。小伙计面对这又黑又脏的手递过来的一元钱，呆若木鸡，不知该不该卖给他。这一切，饭店老板看得一清二楚，他走过去，干净利落地打包好食品，送到乞丐手上，恭恭敬敬地接过钱，亲切地说："谢谢您的惠顾。"乞丐走后，大堂经理说："您吩咐一声'卖'不就得了，杀鸡焉用宰牛刀。"老板严肃地说："为有钱、有身份的人服务好，这没有什么稀罕。而那些能掏出身上仅有的一点钱来光顾我们生意的人，才是最难得、最值得尊重的，我没有理由不亲自为他服务。"

 案例分析

- "顾客是上帝"这句话已不知被多少企业说了多少年，可真正做到的又有几家企业呢？尊重每一位顾客，这是企业市场营销管理中最重要的一点。

活动 2.2.3　技能训练：IT 产品营销服务礼仪

1. 分组训练，扮演销售人员、顾客、专卖店经理等不同角色演练 IT 营销人员应掌握的服务礼仪以及文明用语。

2. 指出图 2-6 中的销售人员着装方面存在哪些不规范之处。

3. 指出图 2-7 中的店铺哪些方面不符合要求。

图 2-6   着装案例

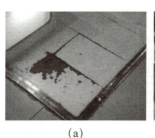

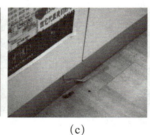

(a)   (b)   (c)   (d)

图 2-7   店铺案例

教师点评：

_____

_____

_____

任务 2.3   了解 IT 产品营销人员谈判技巧

 问题引入

- 你在平时买东西时会不会讨价还价？请你将知道的讨价还价例子写出来与大家分享。

_____

_____

_____

 **你知道吗**？

谈判的过程实际上就是不断沟通、创造价值的过程。双方都在寻求自己利益最大化方案的同时，也满足对方最大利益的需要。

商务谈判中，好的谈判者并不是一味固守立场，寸步不让，而是要与对方充分交流，从双方的最大利益出发，创造各种解决方案，用相对较小的让步来换得最大的利益，而对方也是遵循相同的原则来取得交换条件。在满足双方最大利益的基础上，如果还存在达成协议的障碍，那么不妨站在对方的立场上，替对方着想，帮助对方扫清达成协议的一切障碍。这样，最终的协议是不难达成的。

活动 2.3.1　了解商务谈判基础知识

相关知识

商务谈判是企业开展商务合作所必不可少的工作，很多时候，谈判的过程中有许多需要注意的细节对谈判结果产生着重要的影响。企业要在商务谈判中取得预期的效果，就必须对谈判的模式、谈判的心理、谈判的思维以及不同的谈判风格有所了解。下面就来初步了解商务谈判的相关基础知识。

（1）商务谈判的定义

商务谈判是指不同的经济实体各方为了自身的经济利益和满足对方的需要，通过沟通、协商、妥协、合作等各种方式，把可能的商机确定下来的活动过程。

（2）商务谈判的特点

谈判一般有以下 4 个方面的特点：

① 谈判是一个通过不断调整各自需求，最终使各谈判方的需求相互得以调和，互相接近，从而达成一致意见的过程。

② 谈判具有"合作"与"冲突"的双重性，是"合作"与"冲突"的对立统一。

③ 对谈判的任何一方来讲，谈判都有一定的利益界限。

④ 谈判既是一门科学，又是一门艺术，是科学与艺术的有机整体。

商务谈判除了具有谈判的共性特点外，还具有以下的独特特征。

① 以经济利益为谈判目的和评价指标。

不同的谈判者参加谈判的目的是不同的，外交谈判涉及的是国家利益；政治谈判关心的是政党、团体的根本利益；军事谈判主要是关系敌对双方的安全利益。虽然这些谈判都不可避免地涉及经济利益，但常常是围绕着某一种基本利益进行的，其重点不一定是经济利益。而商务谈判则十分明确，谈判者以获取经济利益为基本目的，在满足经济利益的前提下才涉及其他非经济利益。虽然在商务谈判过程中，谈判者可以调动和运用各种非经济利益的因素影响谈判的结果，但其最终目标仍是经济利益。

② 以价格作为谈判的核心。

商务谈判涉及的因素很多，谈判者的需求和利益表现在众多方面，但价格几乎是所有商务谈判的核心内容。这是因为在商务谈判中价值的表现形式——价格最直接地反映了谈判双方的利益。谈判双方在其他利益上的得与失，在很多情况下或多或少都可以折算为一定的价格，并通过价格升降而得到体现。需要指出的是，在商务谈判中，我们一方面要以价格为中心，坚持自己的利益；另一方面又不能仅仅局限于价格，应该拓宽思路，设法从其他利益因素上争取应得的利益。因为，与其在价格上与对手争执不休，还不如在其他利益因素上使对方不知不觉让步，这是从事商务谈判人员需要注意的。

（3）商务谈判的基本原则

商务谈判应遵循的基本原则总结如下。

① 客观真诚原则：有人认为"生意场上无父子"，更谈不上"客观真诚"。其实不然，事实无数次地告诉人们，威压、欺诈或许能赢得一时的利益，却将永远地失去朋友，只有客观真诚，才能赢得长久的口碑。

② 平等互惠原则：这是商务谈判活动中必须遵循的一条重要原则。从平等互惠的原则出发，有助于企业同外界建立良好的业务往来关系，是维持长期业务关系的保障。

③ 求同存异的原则：谈判作为一种谋求一致而进行的协商活动，参与洽谈的各方一定蕴藏着利益上的一致和分歧。因此，为了实现谈判目标，谈判者还应遵循求同存异的原则，即对于一致之处，达成共同协议；对于一时不能弥合的分歧，不强求一律，允许保留意见，以后再谈。

④ 公平竞争的原则：谈判主张合作，主张一致，但不是不讲究竞争。所谓公平竞争原则就是主张通过竞争达到一致，通过竞争形式的合作达到互利，通过竞争从对方承诺中获得自己尽可能多的利益。这种竞争是指公平的竞争、合法的竞争、有道德的竞争。

⑤ 讲求效益的原则：这是谈判必须遵循的又一个重要原则。人们在谈判过程中，应当讲求效益，提高谈判的效率，降低谈判成本，这也是经济发展的客观要求。

【案例 2-3-1】在寒暄中失去先机

某大型电器公司创始人张某刚创业时，曾被对手以寒暄的形式探测了自己的底细，因而使自己产品的销售大受损失。

当他第一次到北京，找批发商谈判时，刚一见面，批发商就友善地对他寒暄说："我们第一次打交道吧？以前我好像没见过你。"批发商想用寒暄来探测对手究竟是生意场上的老手还是新手。张先生缺乏经验，恭敬地回答："我是第一次来北京，什么都不懂，请多关照。"正是这番极为平常的寒暄答复却使批发商获得了重要的信息：对方原来只是个新手。批发商问："你打算以什么价格卖出你的产品？"张先生又如实地告知对方："我的产品每件成本是 20 元，我准备卖 25 元。"

批发商了解到张先生第一次来北京，人地两生，又暴露出急于要为产品打开销路的愿望，因此趁机压低价格："你首次来北京做生意，刚开张应该卖得更便宜些。每件 20 元，如何？"结果没有经验的张先生在这次交易中吃了亏。

 案例思考

- 你从本谈判案例中可吸取怎样的教训？

_____

_____

_____

【案例 2-3-2】面对如此的"挖墙脚"

小李在北京一家 IT 公司从事销售业务多年，收入也比较稳定，对工作基本满意，每月底薪 6 000 元，公司给的提成是 2%，经过多年的积累，他在该 IT 产品的经营销售方面已经积累了一定数量的客户资源，而且每月提成基本稳定在 10 000 元左右。此时，广州某同行业公司邀请小李加盟，给出底薪 12 000 元，提成按业绩的 2.5% 计算。

 案例思考

- 如果你是小李，选择辞职还是考虑与现在的公司谈判？如果选择谈判，应如何谈？

_____

_____

_____

活动 2.3.2　了解商务谈判的种类

 **相关知识**

商务谈判的种类非常复杂，人们可以从不同的角度，依据不同的习惯进行划分。不同类

型的商务谈判，有着不同的特点和要求，其准备工作和应采取的策略是不同的。参加谈判的人员了解这一点对以后的谈判非常重要。下面就来了解几种不同的商务谈判分类方法。

（1）按照参加谈判的利益主体分类

按照参加谈判的利益主体来分，将商务谈判分为双边谈判和多边谈判两种。双边谈判是指两个利益主体参加的谈判；多边谈判则是指两个以上利益主体参加的谈判。

（2）按照谈判所在地分类

按照谈判所在地来分，将商务谈判分为主座谈判、客座谈判、主客轮流谈判和中立地谈判 4 种。

（3）按照谈判方式分类

按照谈判方式来分，将商务谈判分为纵向谈判和横向谈判两种。纵向谈判是指在确定谈判的主要问题后，逐一讨论每个问题和条款，讨论一个问题，解决一个问题，一直到谈判结束；横向谈判是指在确定谈判所涉及的主要问题后，开始逐个讨论预先确定的问题，在某一问题上，出现矛盾时，就把这一问题放一边，先讨论其他问题。如此周而复始讨论下去，直到所有内容都谈妥为止。

（4）按照谈判的态度和方针分类

按照谈判的态度和方针来分，将商务谈判分为软式谈判、硬式谈判和原则式谈判 3 种类型。其中软式谈判也称让步型谈判，是指谈判者在谈判中不是以获利，而是以达成协议为最终目标的谈判。采用此种方式的当事人若遇到对方不予合作时，就极易受到损失，故在实际商务实践中，一般只限于双方的合作关系相当友善，且已建立起了十分信赖的长期合作的业务关系时才被谨慎地采用。硬式谈判也称立场型谈判，是指谈判者在谈判中，把注意力集中在如何维护自己的利益，如何去否定对方的立场上的谈判。采用此种方式的谈判者往往在谈判中将任何情况都看成是一场意志力的竞争，并坚信立场较强硬者能获得最大的效益。因此，此种方式无疑会导致谈判气氛紧张，谈判效率低下，且有可能出现协议难以达成的后果。这种谈判方式不仅被无谈判经验人士所青睐，而且，也成为对付无谈判经验人士的手段。原则式谈判也称价值型谈判，又称"哈佛谈判术"，是指谈判者在谈判中，既重视经济利益，又重视人际关系；既不回避对立的一面，但更加重视去发现和挖掘合作一面的谈判。采用此种方式的谈判者均认为评价谈判是否成功的标准，不应该是一方所取得的经济利益，而应该是谈判本身的价值；谈判协议不应该是一方意志力影响的结果，而应该是各方公平协商的体现。故此，该种谈判是一种既有理性又富有人情味的谈判，因此被商界有识之士广泛采用。

（5）按照谈判参与方的国域界限分类

按照谈判参与方的国域界限来分，将商务谈判分为国内谈判和国际谈判两种。国内谈判是指谈判参与方均在一个国家内部；国际谈判是指谈判参与方分属两个或两个以上的国家或地区。

（6）按照谈判的内容分类

按照谈判的内容来分，将商务谈判分为商务购销谈判、对外加工装配业务谈判、技术贸易谈判、工程贸易谈判、租赁业务谈判、合资经营谈判和合作经营谈判等。

当然，不同的商务谈判都有其自身优点和缺点，作为谈判人员应准确把握每种商务谈判的具体方法和注意事项，有效利用谈判优势，即时取得谈判主动权，达到最终谈判效果。

【案例 2-3-3】中国与印尼轮渡客汽两用船交易谈判

在 1997 年亚洲金融风暴影响严重的时期，一个印尼客户到中国来购买轮渡客汽（乘客与汽车）两用船，来到北京的印尼代表是中方公司一个老客户的朋友，询价要求用买方的信贷或用远期 3 年信用证，并表示中方价格条件合理可以买两条船。中方向其报价一条船为 X，两条船为 Y。信贷可以考虑，但要以政府的额度为限，远期信用证需印尼相关的担保。

案例思考

- 印尼方的谈判是哪种类型的谈判？为什么？
- 中方进行的是哪种类型的谈判？应如何掌握谈判？

【案例 2-3-4】三段男女对话

对话 1

女：今晚陪我去看《长津湖》吧？

男：随便。

对话 2

女：今晚陪我去看《长津湖》，不然就分手！

男：……

对话 3

女：今晚陪我去看《长津湖》吧？

男：我不太喜欢看这种电影。

女：你晚上陪我看《长津湖》，明天我就去球场陪你打球。

男：那好吧。

案例思考

● 以上三段对话各属于哪种类型的谈判？请简要分析这三种谈判方式的优缺点。

活动 2.3.3 理解商务谈判的技巧

相关知识

商务人员在谈判过程中，除了讲究前面所提到的商务人员职业形象和道德修养外，还应当掌握各种谈判技巧，准确理解谈判的步骤及其每个环节的掌控能力。

商务谈判的基本程序一般包括准备、开局、正式谈判和签约 4 个阶段。

正式谈判一般要经历 4 个环节：询盘、发盘、还盘、接受。

其中询盘不是正式谈判的开始，而是联系谈判的环节，正式谈判是从发盘开始的，还盘是讨价还价阶段，接受就意味着谈判的结束。

在任何一个谈判环节的开局阶段是最关键的。打好开局，可以说直接给谈判活动的成功奠定基础。因此，很多商务谈判过程中，谈判双方都在努力争取打好开局，掌握谈判主动权。当然，谈判开局好不好与之前的谈判准备工作是否充分直接相关。

另外，在商务谈判中要做到"听""问""答""看""叙""辩"这 6 个要诀。

【案例 2-3-5】谈判时一定要做好充分的准备

我国某冶金公司要向美国购买一套先进的设备，派一名高级工程师与美商谈判，为了不负使命，这位工程师做了充分地准备工作，他查找了大量有关冶炼组合炉的资料，花了很大的精力对国际市场上该设备的行情及美国这家公司的历史和现状、经营情况等了解得一清二楚。谈判开始，美商一开口要价 150 万美元。工程师列举市场上成交价格，使美商目瞪口呆，终于以 80 万美元达成协议。当谈判购买冶炼自动设备时，美商报价 230 万美元，经过讨价还价压到 130 万美元，中方工程师仍然不同意，坚持出价 100 万美元。美商表示不愿继续谈下去了，把合同往中方工程师面前一扔，说："我们已经作了这么大的让步，贵公司仍不能合作，看来你们没有诚意，这笔生意就算了，明天我们回去了"，中方工程师闻言轻轻一笑，把手一伸，做了一个优雅的请的动作。美商真的走了，冶金公司的其他人有些着急，甚至埋怨工程师不该抠得这么紧。工程师说："放心吧，他们会回来的。同样的设备，去年他们卖给某国公司只有 95 万美元，市场上这种设备的价格 100 万美元是正常的。"果然不出所料，一个星期后美方又回来继续谈判了。工程师向美商点明了他们与 ×× 公司的成交价格，美商又愣住了，没有想到眼前这位中方工程师如此精明，于是不敢再报虚价，只得说："现在物价上涨得厉害，比不了去年。"工程师说："每年物价上涨指数没有超过 6%。一年多时间，你们算算，该涨多少？"美商被问得哑口无言，在事实面前，不得不让步，最终以 101 万美元达成了这笔交易。

 案例分析

- 谈判前掌握信息资料的详细程度是决定谈判成败的关键因素，掌握的信息越多，在谈判中越能掌握主动。在每一次谈判之前都做好充分的计划和准备，是我们取得良好谈判结果的前提。

【案例 2-3-6】如何得到想要的点读机

中学生甲、乙、丙分别向家长要求买一个点读机，他们的对话如下。

甲："爸，我要买一个点读机。"

甲父："要多少钱？"

甲："我想买一个好一点的。"

甲父："1 000 块够不？"

甲："太够了！"

乙："爸，今天发工资了吧？"

乙父："有什么事吗？"

乙："没事。"

乙父："……"

乙："我们英语要考口语了。"

乙父："那就好好练口语呗。"

乙："老师让我们最好每人买一个点读机。"

乙父："要多少钱？"

乙："我琢磨买一个一般的就行了，400 块左右。"

乙父："怎么这么贵？"

乙："要不我不买了？"

乙父："还是买一个吧，你们这一代人要不会英语太吃亏了。"

乙："……"

乙父："你可得对得起这400块啊。"

乙："我会努力的。"

丙："老爸，上班辛苦了吧？我给你按摩按摩。"

丙父："今天怎么这么乖了？是不是有什么事啊？"

丙："没有……"

丙父："……"

丙："爸，你当年英语怎么学的啊？"

丙父："我们学英语可难了，全靠死记硬背，哪像你们现在，可以有声有色"。

丙："对了，英语口语很重要的，学英语千万要避免哑巴英语。老师说练口语最好买个点读机。"

丙父："露馅了吧？我就说你肯定有事。"

丙："……"

丙父："不过口语真的很重要，星期天我陪你去商场买一个吧。"

丙："爸，你太伟大了！"

案例思考

- 你觉得这3个中学生谁的谈话方式好些？为什么？如果是你，你会如何向家长提要求？

_____

_____

_____

【案例2-3-7】11比1

在某个小镇上，成立了一个由12名农夫组成的陪审团。按照当地的规定，只有当这12名陪审团成员都同意时，某项判决才能成立。有一次，陪审团在审理一起案件时，其中11名陪审团成员已达成一致看法，认定被告有罪，但另一名成员认为应该宣告被告无罪。由于陪审团内意见不一致审判陷入了僵局。其中11名成员企图说服另一名成员，但是这位农夫是个年纪很大、很固执的人，就是不肯改变自己的看法。从早上到下午审判不能结束，11个农夫有些疲倦，但另一个还没有丝毫让步的意思。就在11个农夫一筹莫展时，突然天空布满了乌云，一场大雨即将来临。此时正值秋收过后，各家各户的粮食都晒在场院里。眼看一场大雨即将来临，那11名农夫都在为自家的粮食着急，他们都希望赶快结束这次判决，于是都对另一个农夫说："老兄，你就别再坚持了，眼看就要下雨了，我们的粮食在外面晒着，赶快结束判决回家收粮食吧。"可那个农夫丝毫不为之所动，坚持说："不行，我们是陪审团的成员，我们要坚持公正，这是大家赋予我们的责任，岂能轻易作出决定，在我们没有达成一致意见之前，谁也不能擅自作出判决！"这令 11 个农夫更加着急，哪有心思讨论判决的事情。为了尽快结束这令人难受的讨论，11 个农夫开始动摇了，考虑改变自己的立场。这时一声惊雷响起，11 个农夫再也坐不住了，纷纷表示愿意改变自己的态度，转而投票赞成另一个农夫的意见，宣告被告无罪。

 案例分析

- 按理说，11 个人的力量要比一个人的力量大。可是由于那 1 个人坚持己见，更由于大雨的即将来临，使那 11 个人在不经意中为自己定了一个最后期限，最终被迫改变了看法，转而投向另一方。在这个故事中，并不是那个农夫主动运用了最后的期限法，而是那 11 个农夫掉进了自设的陷阱里。高明的谈判者往往利用最后期限的谈判技巧，巧妙地设定一个最后期限，使谈判过程中纠缠不清、难以达成的协议在期限的压力下，得以尽快解决。

【案例 2-3-8】在谈判中巧妙利用蚕食策略

"您这种机器要价 750 元一台，我们刚才看到同样的机器标价为 680 元。您对此有什么话说吗？"

"如果您诚心想买的话，680 元可以成交。"

"如果我是批量购买，总共买 35 台，难道您也一视同仁吗？"

"不会的，我们每台给予 60 元的折扣。"

"我们现在资金较紧张，是不是可以先买 20 台，3 个月以后再买 15 台？"

卖主很是犹豫了一会儿，因为只购买 20 台，折扣是不会这么高的。但他想到最近几个星期不甚理想的销售状况，还是答应了。

"那么，您的意思是以 620 元的价格卖给我们 20 台机器。"买主总结性地说。

卖主点了点头。

"干吗要 620 元呢？凑个整儿，600 元一台，计算起来都省事。干脆利落，我们马上成交。"

卖主想反驳，但"成交"二字对他颇具吸引力，几个星期完不成销售定额的任务可不好受，他还是答应了。

案例分析

- 买主步步为营的蚕食策略生效了，他把价格从 750 元一直压到 600 元，压低了 20%。谈判桌上没有单方面的退让，在你做出各种让步时，你必然也要求对方做出种种让步，后者才是你的目的。称职的谈判者善于适时、适量地让步，也善于向对方施加压力，迫使对方让步。

活动 2.3.4　技能训练：练习谈判

【案例引入】

一对夫妇带着十八岁的儿子到一家联想专卖店选购笔记本电脑。儿子一进店就问店员有没有 Y7000P，并且对该型号笔记本电脑的配置了如指掌。

店中正好 Y7000P 缺货，负责接待的销售员推测小伙子是买笔记本电脑来玩大型游戏，于是问道："你好，你买笔记本电脑主要是用来做什么？"小伙子脱口而出："玩 3D 游戏。"

销售员手指向一台 Y9000P，说："你看你说的那款 Y7000P 的配置跟这款 Y9000P 的配置差不多，Y9000P 是今年最新上市的。"那对夫妇和小伙子就跟着销售员走到 Y9000P 的旁边看了起来。

销售员开始介绍 Y9000P 的卖点："Y9000P 的 CPU 是 Intel 酷睿 i7 的，内存是 DDR5 16 GB 的，显卡是英伟达 RTX 3060 的。"小伙子看了看配置单，点了点头说："配置差不多。"接下来，销售员介绍了该款笔记本电脑的外观，并突出了 Y9000P 与 Y7000P 相比的一些优点，还与其他品牌笔记本电脑做了比较，突出此款产品在音效等方面的优势。

销售员介绍完后，小伙子显然动心了，他跟父母小声商量了一下，他妈妈问："价格可以低点吗？"销售员微笑着对她说："联想这个牌子不用我多介绍你们也多少了解，特别是您家小孩对配置方面还是比较在行的。其实作为消费者买电子产品，最关心的应该是产品的质量和售后服务。我们联想笔记本电脑是从自购机日期起，硬件故障严格按照联想厂商制定的保修政策进行质保，笔记本电脑两年全面保修，公司还特别提供永久免费的硬件检测；软件故障，如中病毒、系统崩溃等，公司特别提供永久免费服务。我们的服务您大可放心。这个价格我们是按照联想官方网站的统一定价，9 598 元，我可以另外赠送一个笔记本电脑的散热垫给您。"小伙子的妈妈听后说："我多花几百元，买的就是售后服务。好的，那就拿这台吧！"

【活动要求】

根据给出例子，分析此次商务谈判的成功之处。你认为此案例中谈判的主要矛盾是什么？销售员是如何避开这一主要矛盾，争得主动，最终使交易成功？

【活动过程】

请分析此谈判过程中存在的主要矛盾是什么。

_____

_____

_____

销售员如何避开这一主要矛盾，争得主动，使交易最终成功？

_____

_____

_____

教师点评：

_____

_____

_____

IT 产品营销服务标准与政策法规

今天 IT 产品已广泛应用于社会各界及家庭，关于 IT 产品质量的纠纷始终困扰厂家、商家及购买者。本项目着重介绍 IT 产品质量标准、相关质量认证、召回制度和相关 IT 产品经营销售及服务方面的政策法规，力求在 IT 产品的营销工作中，更好地适应市场，最大限度满足市场需求。

任务 3.1　了解有关 IT 产品营销方面的法律法规

问题引入

● 如果你在某家电子商场购买一部手机，回来后发现手机质量存在严重问题，你将会怎么处理？

_____

_____

_____

你知道吗?

营销工作涉及面广，影响到的利益关系较多，要求遵循的法律法规也较多。市场经济本身就是法制经济，因此任何一项市场经济活动都要受到相关法律制度的约束。为了保护我国市场经济正常秩序和广大消费者合法权益，国家先后颁布并实施了多项法律法规，其中包括《中华人民共和国合同法》《中华人民共和国产品质量法》《中华人民共和国消费者权益保护法》《中华人民共和国价格法》《中华人民共和国商标法》《中华人民共和国反不正当竞争法》《中华人民共和国广告法》《中华人民共和国票据法》《中华人民共和国税法》等。

作为一名营销工作者，应当了解以上这些相关法律法规。本任务中我们将以具体案例形式深入了解《中华人民共和国消费者权益保护法》《中华人民共和国反不正当竞争法》和《中华人民共和国产品质量法》三部法规的相关内容。

活动 3.1.1　了解《中华人民共和国消费者权益保护法》相关内容

 **相关知识**

《中华人民共和国消费者权益保护法》是维护全体公民消费权益的法律规范。《中华人民共和国消费者权益保护法》（以下简称《保护法》）是为了保护消费者的合法权益、维护社会经济秩序稳定、促进社会主义市场经济健康发展而制定的一部法律。《保护法》主要是为消费者日常生活中购买、使用商品或者接受服务时的权益提供法律保障。经营者应当遵守《保护法》，保证所销售的商品或提供的服务符合《保护法》的规定。消费者应当了解《保护法》，在确定被骗或者遇到其他不满情况时，可以运用《保护法》来保护自己的合法利益。每年的 3 月 15 日是国际消费者维权日，国内通常称之为"3·15"，从 1991 年起，每年中国中央电视台还会举办 3·15 晚会。

《保护法》是消费者维权的有力武器，《保护法》的颁布实施，催生和强化了消费者的权利意识和自我保护意识，标志着我国以消费者为主体的市场经济向法制化、民主化迈出了一大步。我国公民作为消费者应该拥有的权利，第一次在国家法律中做了系统规定。随着《保护法》的贯彻实施，越来越多的消费者开始知晓并注重维护自己应有的合法权益，《保护法》也因此成为知名度最高的法律之一。

企业或营销人员在经营销售活动中一定要注意《保护法》规定的相关条例，不得违背市场规律，最大限度地满足市场需求，因为满足市场需求是营销活动的出发点。

【案例 3-1-1】阿文购买手机经历

2022 年春节，15 岁的初中生阿文收到了 2 000 多元的压岁钱。2 月 5 日他来到山东某商场，看中了一款价格 1 599 元的手机，在家长不知情的情况下，阿文用自己的压岁钱购买了这款手机。十天后，阿文父母发现后大发雷霆，认为阿文还是一名在校学生，买手机会影响学习，让阿文将手机处理掉。第二天，不知所措的阿文找到了小姨，小姨领着他两次来到商场，请求商场为未成年的孩子退货，商场以手机已使用并超过 7 天无理由退货期限为由不同意退货。无奈之下，阿文的小姨领着阿文来到了当地 12315 申诉举报中心请求帮助。

工作人员接到投诉后，首先对阿文的身份进行了核实，并与商场协商退货。商场认为，商场对去购物的消费者无权验证其身份，阿文身高1.75米以上，商场以为阿文是成年人，并且此手机也无质量问题，根据国家三包规定是达不到退货的要求。而举报中心工作人员认为，根据《中华人民共和国未成年人保护法》《中华人民共和国消费者权益保护法》《山东省消费者权益保护条例》等法律法规的规定，商场应为阿文退货。经多次调解，商场为阿文原价退机。

案例思考

● 通过本案例你吸取了什么样的教训？

_____

_____

_____

【案例3-1-2】顾客被商场扣留搜身

某夫妇到商场购物，在他们打算离开时，售货员声称商场内商品发生丢失，将他们留住，叫他们翻开所携提袋和衣兜。这对夫妇为了澄清事实，只得忍辱将提袋、衣兜都翻开接受检查。售货员未查出丢失商品，又将他们二人带到办公室，由商场负责人对他们盘查约两个小时才让他们离开。这对夫妇于是向某市某区人民法院起诉该商场，请求依法保护自己的合法权益。人民法院审理认为，被告某自选商场以查询丢失商品为由，无任何根据地在公共场所怀疑、盘查、扣留原告夫妻，使原告夫妻处于特定的被怀疑状态，人格尊严和名誉权受到不应有的侵害，并致处于哺乳期的原告妻子断乳，影响母婴身体健康。依据《中华人民共和国消费者权益保护法》第14条、《中华人民共和国民法通则》第120条的规定，判决责令该商场向原告二人公开赔礼道歉；付给原告精神伤害抚慰金4 500元。

案例思考

● 如果你是商场管理人员，应当如何处理类似事情？

_____

_____

_____

【案例3-1-3】商场里试鞋还收费？

在某市繁华商品区的某时装店内，当地某厂的3名女工来买鞋。其中一名女工让女营业员拿出一双价值370元的女鞋试穿，试穿后觉得不理想，准备离开。这时营业员将她拦住说，不能只试穿，要么将这双鞋买下，要么给20元的试穿费，否则不许离开商店。无奈，另外两名女工离开时装店找到区消协投诉。区消协同志到达该店后，两名营业员仍然态度蛮横，口出污言，扣留那名女工达 1 个多小时。区消协的同志找到该时装店的主管单位，要求他们向被无理扣留的消费者赔礼道歉并给予精神赔偿。公司经理对营业员无理扣留消费者事件很重视，当即表示将那两名营业员辞退，并郑重向消费者道歉，赔偿消费者 1 000 元的精神损失。

【案例 3-1-4】消费者在某超市内摔伤

马先生在某超市购物时，被蜂拥的人群挤倒后摔伤，为此他将该超市告上法庭，索赔 8 万余元。法院作出判决，超市因未尽到安全保障义务，需承担 70% 的赔偿责任，赔偿马先生 5 万余元。

 案例分析

- 从事经营活动的法人，未尽合理范围内的安全保障义务致使他人受伤，受害方可以请求其承担相应赔偿责任。如果损害由第三人造成，受害方在起诉时应当将第三人作为共同被告，但第三人不能确定的除外。本案例中，超市对于经营场所的安全负有保障义务，超市未举证证明在超市的出口处设置了相关安全保障措施，或组织专门人员维护现场秩序，因此超市存在过错，应当承担相应的补充赔偿责任。

 案例思考

- 你认为本案例给厂商有何启示？

_____

_____

_____

活动 3.1.2　　了解《中华人民共和国反不正当竞争法》相关内容

 相关知识

《中华人民共和国反不正当竞争法》（简称《反不正当竞争法》）在借鉴各国立法经验的同时，主要从我国市场经济发展的现有水平和实际需要出发，对现实生活中表现比较典型或随着经济发展会日益突出的那些破坏竞争秩序的不正当竞争行为以及部分限制竞争行为进行规范。其调整范围如下：

（1）狭义上的不正当竞争行为

以欺诈利诱为特征的各种不正当竞争行为，尤其是制售假冒伪劣商品、制作发布虚假广告、抽奖式有奖销售、商业贿赂行为等最为突出。这些行为涉及面广，发案数量多，持续时间长，已在相当程度上破坏了正常的商品交易秩序，妨碍了市场经济的健康发展，对其进行规制和予以制裁实属当务之急。

根据我国反不正当竞争法，这类不正当竞争行为主要有：采用假冒或混淆手段从事市场交易的行为；侵犯他人商业秘密的行为；利用贿赂性销售进行竞争的行为；损害竞争对手的商业信誉、商品声誉的行为；进行虚假的广告宣传，损害经营者或消费者的利益，破坏市场秩序的行为；违反本法规定的有奖销售行为。

（2）行政性垄断及限制竞争行为

针对我国存在个别部门垄断和地区封锁以及其他限制竞争行为，《反不正当竞争法》亦作了相应的禁止和制裁的规定。如政府利用行政权力限制商品流通，限制正当竞争的行为；公用企业或其他具有独占地位的经营者限定他人购买指定商品，排挤其他竞争对手的行为；以排挤竞争对手为目的，以低于成本的价格销售商品的行为；搭售商品或附加其他不合理条件的行为；串通投标的行为等。

《反不正当竞争法》的基本原则是市场竞争者在市场交易行为中必须遵循的基本准则。凡是参与市场交易的一切交易主体所实施的交易行为都适用于这些基本准则。根据我国《反不正当竞争法》的规定，经营者在市场交易中，应当遵循自愿平等、公平、诚实信用的原则，遵守公认的商业道德，这与民法的平等、公平、自愿、诚实信用的原则精神一致。这些基本原则反映了商品经济社会对经营者的必然要求，是衡量一切交易行为的道德标准，也是带有法律强制性的法律准则。

【案例 3-1-5】A 公司起诉 B 公司的商业间谍案

A 公司发布公告称，已经在法院起诉 B 公司窃取商业机密，并且不诚实地使用有关资料。对此，A 公司已寻求警方的协助，并控告多名前员工，其中一人已经被警方拘捕。

据 A 公司公告，B 公司在几年前开始挖 A 公司墙脚。有多名 A 公司高管转投 B 公司，并且没有信守 A 公司的员工保密协议，把多份保密文件带走，在 B 公司制定了与 A 公司相似的生产流程，令 A 公司损失了 51.3 亿元的生意。"B 公司违反上市条例，我们索赔的金额可以超过 50 亿元。"

事实上，此类案件在 IT 界已屡见不鲜。业内人士介绍：由于中国 IT 企业的跳槽率较高，而且企业维权很难实施，这样的案例非常多，这也是制约我国 IT 行业发展的主要原因之一。

案例思考

● 你如何看待此案例？这种现象背后反映着什么样的社会问题？

_____

_____

_____

【案例 3-1-6】虚假宣传不可取

永春县某食品店采用会销方式，赠送发放小礼品吸引消费者到店，通过组织观看视频和 PPT，进行产品对比说明，张贴店堂广告，悬挂虚假牌匾等手段，对其经营的某品牌羊奶粉的商品质量、功能作用、曾获荣誉等有关情况做虚假宣传，使许多消费者误信其虚假宣传内容从而购买了大量羊奶粉，其行为误导消费者的判断，损害其他经营者的合法权益。

当事人的行为构成虚假宣传不正当竞争行为，永春县市场监管局依据《反不正当竞争法》相关规定，责令当事人停止违犯行为，并处罚款 20 万元。

【案例 3-1-7】有奖销售活动得有个度

某饮料公司于 2015 年 1 月开始，在山东、辽宁、吉林、黑龙江、河南、河北、北京、内蒙古等地发布"×× 果汁 3 次连环中大奖"的宣传页，对其生产的 ×× 果汁进行有奖销售活动。按照该公司的宣传，凡在活动期间购买该公司生产的 ×× 果汁可有三次中奖机会。第一重奖是：买一箱（24 瓶）该饮料可获刮刮卡一张，即刮即中，一等奖是价值 500 元的遥控直升机一架；二等奖是价值 10 元的玩具车一辆。第二重奖是：集够 10 个该饮料的拉环可获某明星签名照片一张。第三重奖是：集够 10 个拉环除寄回某明星签名照片还可参加每两个月一次的大抽奖，一等奖是价值 5 000 元的台式计算机，二等奖是价值 2 000 元的数码相机，三等奖是蓝牙耳机。某市工商局接群众举报后依法对该公司的上述有奖销售活动进行立案调查，至查获时该有奖销售活动的第三重奖的抽奖还未举行。该市工商局查明事实后认定该公司的行为属于《反不正当竞争法》指的不正当竞争行为，依据《反不正当竞争法》相关规定，对该公司作出了罚款 10 000 元的行政处罚。

案例思考

● 此案例中饮料公司有奖销售活动被判定构成不正当竞争行为，其主要依据是什么？

_____

_____

_____

活动 3.1.3　理解《中华人民共和国产品质量法》相关内容

 **相关知识**

在现代市场经济条件下，产品质量问题涉及人们生命健康与安全，同时也涉及市场竞争秩序的稳定。因此各国均对产品质量问题给予高度关注，并运用法律的手段将其纳入法律监督的范围。

为了加强对产品质量的监督管理，提高产品质量水平，明确产品质量责任，保护消费者的合法权益，维护社会经济秩序，1993 年 2 月 22 日第七届全国人民代表大会常务委员会第三十次会议通过了《中华人民共和国产品质量法》，2000 年 7 月 8 日第九届全国人民代表大会常务委员会第十六次会议根据《关于修改〈中华人民共和国产品质量法〉的决定》进行第一次修正。此后，分别于 2009 年、2018 年进行了第二、三次修正。

产品质量是由各种要素所组成的。这些要素亦被称为产品所具有的特征和特性，不同的产品特征和特性各异。因此，产品所具有的特征和特性的总和，便构成了产品质量的内涵。国际标准化组织颁布的 ISO/DIS 9000：2000 标准，将质量的含义规定为："产品、体系或过程的一组固有特性满足顾客和其他相关方要求的能力。"本定义所称的"要求"往往随时间而变化，与科学技术的不断进步有着密切的关系。"要求"可转化成具有具体指标的特征和特性。"要求"可以包括使用性能、安全性、可靠性、可维修性、经济性和环境等几个方面。

产品的使用性能是指产品在一定条件下，实现预定目的或者规定用途的能力。任何产品都具有其特定的使用目的。

产品的安全性是指产品在使用、储运、销售等过程中，保障人体健康和人身、财产安全免受侵害的能力。

产品的可靠性是指产品在规定条件下和规定的时间内，完成规定功能的能力。一般可用功能效率、平均寿命、失效率、平均故障时间、平均无故障工作时间等参数进行评定。

产品的可维修性是指产品在发生故障以后，能迅速维修、恢复功能的能力。通常采用平均修复时间等参数表示。

产品的经济性是指产品的设计、制造、使用等各方面所付出或所消耗成本的程度。同时，亦包含其可获得经济利益的程度，即投入与产出的效益能力。

【案例 3-1-8】计算机买回半年修 5 个月

家住广州的李先生向"12315"投诉：他于当年在广州市某电脑城花了 7 300 元购买了一台某知名品牌的计算机，几天后，便发现这台计算机噪声大且经常死机，造成部分文件丢失。在购买的 6 个月时间里，计算机有 5 个月是在维修之中。后来在李先生的强烈要求下，客户服务中心为他更换了一台同类型的计算机，但使用 2 天后，也出现相同的毛病。李先生要求退货退款，但被厂家拒绝。于是李先生愤而向"12315"投诉。

案例思考

● 你有类似的购物经历吗？请把它写出来，与大家共享。

_____

_____

_____

【案例 3-1-9】是质量问题还是人为因素？

谭女士花费 13 600 元购买了一台索尼液晶电视机，商家承诺，整机保修一年，显示器等主要部件保修三年。

半年后，谭女士打开电视机，屏幕左侧突然出现一道竖条，下方出现了几道横线。谭女士随即电话联系索尼电视售货商魏先生来家查看，售后服务人员到谭女士家里查看后告知她"人为损坏，无法保修。"接着，索尼厂家声称，如果想换屏幕，需支付 7 800 元的换屏费用。

而事实上，电视机外屏没有丝毫损伤，也没有撞击点。谭女士回忆说，自电视机购买安装后，一直放在电视柜上，全家人保护有加，加上新房一直未通暖气，不具备居住条件，没有任何人为损坏的可能。

案例思考

● 你有碰到过类似的消费纠纷吗？遇到这样的情况时，该如何处理呢？

_____

_____

【案例 3-1-10】数码彩色电视机出现问题该找谁？

宋某在商场购买一台数码彩色电视机，并附有产品合格证。宋某使用两个多月后，电视机出现图像不清的现象，后来音像全无。宋某去找商场要求更换，商场言称电视机不是他们生产的，让宋某找电视机厂进行交涉。

案例分析

- 宋某购买的电视机出现严重质量问题，销售者与生产者或供货者在订立买卖合同时又未明确地约定事后处理纠纷的方式，则销售者依法负有产品瑕疵担保责任，应根据消费者宋某的要求予以修理、更换或者退货。因为本案例中宋某所购电视机已经达不到使用的要求，商场应予以更换；如宋某要求退货，商场也不得拒绝。

活动 3.1.4　技能训练：搜集某一 IT 产品违规违法案例

【活动要求】① 每人至少搜集一则关于某一 IT 产品的违规违法案情，并将其写出来；② 对案情进行分析，判断触犯哪种法律法规，说明如何处置；③ 对 IT 产品违规违法现象提出合理化建议。

【活动过程】

写出案情内容。

_____

_____

_____

本案情触犯哪一条法律法规？如何处置？

_____

_____

_____

你的合理化建议是什么？

_____

_____

_____

教师点评：

_____

_____

_____

任务 3.2　熟悉 IT 产品质量标准

问题引入

● 了解"三包"服务的内容，并把它写下来。

你知道吗?

产品质量标准是产品生产、检验和评定质量的技术依据。产品质量特性一般以定量表示，如强度、硬度、化学成分等；对于难以直接定量表示的，如舒适、灵敏、操作方便等，则通过产品和零部件的试验研究，确定若干技术参数，以间接定量反映产品质量特性。对企业来说，为了使生产经营能够有条不紊地进行，从原材料进厂一直到产品销售等各个环节，都必须有相应标准作为保证。它不但包括各种技术标准，而且还应包括管理标准，以确保各项活动的协调进行。

活动 3.2.1　初步了解计算机主要部件质量标准

相关知识

1. 显示器

显示器可分为 LCD、LED、3D 显示器等。

LCD（见图 3-1）即液晶显示器（Liquid Crystal Display），采用数字显示技术，可以通过液晶和彩色过滤器过滤光源，在平面面板上产生图像。与传统的 CRT 显示器相比，LCD 占用空间小、功耗低、辐射小、无闪烁，可降低视觉疲劳。LCD 是目前计算机市场上的主流产品。

LED（见图 3-2）是采用半导体发光二极管的显示器，它的特点是色彩鲜艳、动态范围广、亮度高、寿命长、工作稳定可靠。

3D 显示器（见图 3-3）利用自动立体显示技术，即所谓的"真 3D 技术"，用户不用戴眼镜就可以观看立体影像。这种技术利用所谓的"视差栅栏"，使两只眼睛分别接受不同的图像，来形成立体效果。平面显示器要形成立体感的影像，必须至少提供两组相位不同的图像。

图 3-1　LCD

图 3-2　LED

图 3-3　3D 显示器

以 LCD 显示器为例，其性能指标主要有亮度、对比度、可视角度、响应时间、刷新率、分辨率和点距。

① 亮度。

亮度是反映 LCD 性能的重要指标之一，亮度的单位为 lm（流明）。目前市场主流 LCD 的亮度都在 250 流明以上，部分高亮产品的亮度达到 450 甚至 550 流明以上。理论上亮度越高越好，但是我们也不能只关注亮度，亮度的均匀性同样非常重要，亮度不均匀影响显示品质，也证明产品的档次和质量不佳。

② 对比度。

对比度是指 LCD 在某一时刻最亮的白色和最暗的黑色之间的比值，对比度越高，图像显示的层次越丰富。目前主流 LCD 的对比度多在 350∶1 以上，部分高端产品达到 700∶1。

③ 可视角度。

LCD 背光灯管的光源经折射和反射后输出时存在一定的方向性，超出这一方向范围会产生色彩、灰阶失真；LCD 的可视角度数值就是表示 LCD 保证在何种角度下可以避免这种失真。LCD 的可视角度有水平可视角度和垂直可视角度之分，一般水平可视角度是左右对称的，而垂直可视角度则可能存在些许不同。目前主流产品的可视角度在 160° 左右，部分一线品牌产品可达 170°。

④ 响应时间。

响应时间是指 LCD 的各液晶像素点对输入信号的响应速度，单位是 ms（毫秒）；响应时间一般越短越好，响应时间过长，画面将出现虚影和拖尾。LCD 的响应时间由上升时间和下降时间之和组成，其中上升时间指画面从 90% 亮度转为 10% 亮度所需要的时间，下降时间正好相反。目前一般的 LCD 响应时间在 5～10 ms 之间，一线品牌的产品普遍在 5 ms 以下，基本避免了尾影拖曳问题。

⑤ 刷新率。

LCD 也有刷新率的概念，只是由于与 CRT 显示器的显示原理不同，LCD 的刷新率对于显示效果并没有明显的影响，一般将刷新率定为 60 Hz 就可以了。

⑥ 分辨率。

分辨率指显示器所能显示的像素的多少，屏幕显示的像素越多，画面就越精细，同样的屏幕区域内能显示的信息也越多。因为 LCD 的像素点是固定的，所以它的标准分辨率也是固定的。一般 15 英寸的 LCD 分辨率是 1 024×768，17 英寸的是 1 280×1 024；分辨率设置可以低于标准分辨率，但是不能超过标准分辨率。当分辨率设置低于标准分辨率时，输出的图像会出现一定程度的失真。

⑦ 点距。

两个像素点之间的距离。点距 = 可视宽度 / 水平像素（或者可视高度 / 垂直像素）。

2. 主板芯片组

芯片组（Chipset）是主板的核心组成部分，按照在主板上的排列位置区分，通常分为北桥芯片和南桥芯片。北桥芯片提供对 CPU 的类型和主频、内存的类型和最大容量、ISA/PCI/AGP 插槽、ECC 纠错等支持。南桥芯片则提供对 KBC（键盘控制器）、RTC（实时时钟控制器）、USB（通用串行总线）、Ultra DMA/33（66）EIDE 数据传输方式和 ACPI（高级能源管理）等的支持。其中北桥芯片起着主导性的作用，也称为主桥（Host Bridge）。

目前移动芯片组市场份额最大的依然是英特尔（Intel），此外还有矽统（SIS）、威盛（VIA）、扬智（ALI）以及图形显示芯片 ATI、NVIDIA（见图 3-4）等品牌。

图 3-4　芯片组主要品牌

中高档笔记本电脑一般使用 Intel 主板芯片组，一些中低端的笔记本电脑采用了矽统科技的芯片组。矽统尤其善于高集成芯片的研发，在中低端笔记本电脑中使用广泛，具有良好的口碑。VIA 的重点一直在台式机主板芯片组领域，在笔记本电脑主板专用芯片上略逊一筹。

3. CPU

（1）CPU 的主要性能指标

① 主频。

主频也叫时钟频率，单位是 MHz 或 GHz，用来表示 CPU 的运算速度。主频 = 外频 ×

倍频系数，是 CPU 性能表现的一个方面，而不代表 CPU 的整体性能。

② 外频。

外频是 CPU 的基准频率，单位也是 MHz。CPU 的外频决定着整块主板的运行速度。

③ 前端总线频率。

前端总线（FSB）是将 CPU 连接到北桥芯片的总线。FSB 频率直接影响 CPU 与内存交换数据的速度。数据带宽 =（总线频率 × 数据位宽）/8，数据传输的最大带宽取决于所有同时传输数据的宽度和传输频率。

④ 缓存。

缓存大小也是 CPU 的重要指标之一，而且缓存的结构和大小对 CPU 速度的影响非常大，CPU 内缓存的运行频率极高，一般是和处理器同频运作，工作效率远远大于系统内存和硬盘。

L1 Cache（一级缓存）是 CPU 的第一层高速缓存，分为数据缓存和指令缓存。

L2 Cache（二级缓存）是 CPU 的第二层高速缓存，分内部和外部两种芯片。

L3 Cache（三级缓存）也分为内置和外置两种，早期是外置的，现在是内置的。

（2）CPU 的厂商

① Intel 公司。

Intel 是生产 CPU 的头部企业，它占有较多的市场份额，Intel 生产的 CPU 如图 3-5 所示，其优势领域为商业应用、多媒体应用、平面设计等方面。

② AMD 公司。

除了 Intel 公司外，市场份额较大的是 AMD 公司，其产品具有很高的性价比，近年从 Intel 公司手中夺取了很多市场份额，如图 3-6 所示，尤其在三维制作、游戏应用、视频处理等领域较有优势。

图 3-5   Intel 的 CPU   图 3-6   AMD 的 CPU

4. 内存及硬盘

在计算机的组成结构中，有一个很重要的部分就是存储器。存储器是用来存储程序和数据的部件，有了存储器，计算机才有记忆功能，才能正常工作。存储器的种类按其用途分为主存储器（内存）和辅助存储器（硬盘等）。

（1）内存

内存是计算机中的主要部件，内存的好坏会直接影响计算机的运行速度。

内存主频用来表示内存的速度，代表着该内存所能达到的最高工作频率，以 MHz（兆赫）为单位。内存主频越高在一定程度上代表着内存所能达到的速度越快。内存主频决定着该内存最高能在什么样的频率下正常工作。目前较为主流的内存频率是 DDR3 内存和 DDR4 内存。目前常见的内存容量单条为 8 GB、16 GB。

DDR3 内存如图 3-7 所示，其特点：

① 单面 120 个针脚（双面 240 个针脚），防呆缺口左边为 72 个针脚，防呆缺口右边为 48 个针脚；

② 单条频率一般是 1 066~2 133 MHz 左右；

③ 电压 1.5 V。

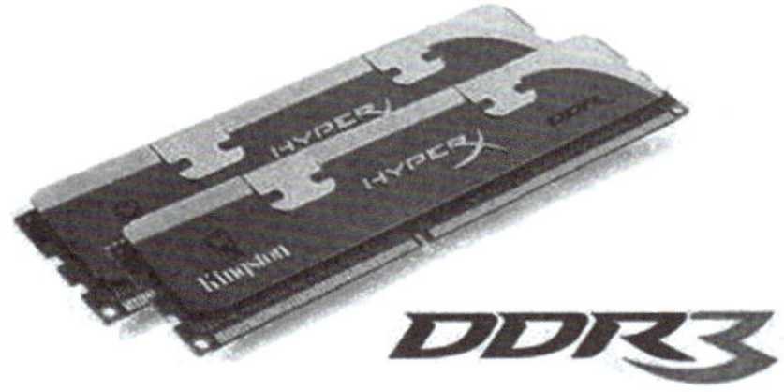

图 3-7　DDR3 内存

DDR4 内存如图 3-8 所示，其特点：

① 单面 144 个针脚（双面 288 个针脚），防呆缺口左边为 77 个针脚，防呆缺口右边为 67 个针脚；

② 单条频率一般是 2 133~4 266 MHz 左右；

③ 电压 1.2 V。

图 3-8　DDR4 内存

（2）硬盘

硬盘是计算机中存储数据的重要部件，其容量决定着计算机的数据存储量大小。按技术硬盘可分为固态硬盘和机械硬盘。其中固态硬盘的特点是：成本较高，读写速度快；普遍采用 SATA-2 接口及 SATA-3 接口；功耗低、无噪声、抗振动、低发热量、体积小、工作温度范围大；容价比偏低，寿命较短。机械硬盘的特点是：成本低、容量大、能耗低、启动慢；常见接口有 IDE、SATA、SCSI；怕碰撞、冲击、振动；噪声较大；工作温度范围小；数据存储速度慢；数据损坏可恢复。

硬盘的主要性能指标如下。

① 容量：容量是硬盘最重要的参数，容量指标还包括硬盘的单碟容量，即硬盘单片盘片的容量，单碟容量越大，单位成本越低，平均访问时间也越短。

② 转速：硬盘内电机主轴的旋转速度，也就是硬盘盘片在 1 分钟内所能完成的最大转数；转速的快慢是标示硬盘档次的重要参数之一，是决定硬盘内部传输率的关键因素之一。硬盘转速以每分钟多少转来表示，单位为 rpm（转/分钟），rpm 值越大，内部传输率就越快，访问时间就越短，硬盘的整体性能也就越好。家用普通硬盘的转速一般有 5 400 rpm、7 200 rpm 几种；笔记本电脑硬盘则是以 4 200 rpm、5 400 rpm 为主；服务器用户对硬盘性能要求最高，使用的 SCSI 硬盘转速基本都达到 10 000 rpm 甚至 15 000 rpm。

③ 传输速率：指硬盘读写数据的速度，单位为兆字节每秒（MBps），包括内部数据传

输率和外部数据传输率；前者反映了硬盘缓冲区未用时的性能，主要依赖于硬盘的旋转速度，后者标称的是系统总线与硬盘缓冲区之间的数据传输率，与硬盘接口类型和硬盘缓存的大小有关。Fast ATA 接口硬盘的最大外部传输率为 16.6 MBps，而 Ultra ATA 接口的硬盘则达到 33.3 MBps，固态硬盘的传输速度则达到 1.5 GBps。

④ 缓存及平均访问时间：是指磁头从起始位置到达目标磁道位置，并且从目标磁道上找到要读写的数据扇区所需的时间；平均访问时间体现了硬盘的读写速度，包括硬盘的寻道时间和等待时间，即：平均访问时间 = 平均寻道时间 + 平均等待时间。平均寻道时间通常在 8~12 ms 之间，而 SCSI 硬盘则应小于或等于 8 ms；平均等待时间为盘片旋转一周所需的时间的一半，一般应在 4 ms 以下。

5. 其他

（1）显卡

显卡的用途是将计算机系统所需要的显示信息进行转换以驱动显示器，并向显示器提供行扫描信号，控制显示器的正确显示，对于喜欢玩游戏和从事专业图形设计的用户来说，显卡的性能非常重要。

显卡最重要的 3 个性能指标为显存容量、显存位宽、显存速度和工作频率。

① 显存容量。

显存容量是指显卡上显存的容量数，这是选择显卡的关键参数之一。显存容量决定着显存临时存储数据的多少，容量越大越好。目前某些专业显卡的显存容量可达 1 GB。

选择多大的显存容量合适取决于应用的环境和硬件的相互制约关系，但通常来讲可以参考下面公式：显存容量 = 显示分辨率 × 颜色位数 /8。

例如，显示分辨率为 1 024×768，颜色位数为 32，那么需要的显存容量 = 1 024×768×32/8 ≈ 3 MB。但需要注意的是这是 2D 显卡（普通平面）的计算结果；如果是 3D 加速卡，那么需要的显存容量约为 3×3 MB = 9 MB。以上只是显存容量的最低需求。

② 显存位宽。

显存位宽是指显存在一个时钟周期内所能传送数据的位数，位数越大则瞬间所能传输的数据量越大。目前市场上的显存位宽有 64 位、128 位、256 位和 512 位几种，习惯上称为 64 位显卡、128 位显卡和 256 位显卡等。显存位宽越高，性能越好，价格也就越高，因此 512 位宽的显存更多应用于高端显卡，而主流显卡基本都采用 128 位和 256 位显存。

显存带宽 = 显存频率 × 显存位宽 /8，在显存频率固定的情况下，显存位宽将决定显存带宽的大小。例如：同样显存频率为 500 MHz 的 128 位和 256 位显存，两者的显存带宽将分别为：500 MHz × 128/8 = 8 GBps 和 500 MHz × 256/8 = 16 GBps，可见显存位宽在显存数据中的重要性。

③ 显存速度和工作频率。

显存速度和工作频率是指显存每处理一次数据要经过的时间。显存速度越快，单位时间交换数据量也就越大，显存速度一般以 ns（纳秒）为单位。常见的显存速度有 7 ns、6 ns、5.5 ns、5 ns、4 ns，3.6 ns、2.8 ns、2.2 ns、1.1 ns 等，数值越小表示速度越快。

显存的理论工作频率计算公式是：额定工作频率（MHz）= 1 000/ 显存速度 $\times n$。

其中，n 因显存类型不同而不同，如果是 SDRAM 显存，则 $n=1$；如果是 DDR 显存，则 $n=2$；如果是 DDR2 显存，则 $n=4$。

显存频率一定程度上反映着该显存的速度，以 MHz（兆赫兹）为单位。

SDRAM 显存都工作在较低的频率上，一般就是 133 MHz 和 166 MHz，此种频率早已无法满足现在显卡的需求。

DDR SDRAM 显存则能提供较高的显存频率，因此是目前采用最为广泛的显存类型，目前无论中、低端显卡，还是高端显卡，大部分都采用 DDR SDRAM，其所能提供的显存频率也差异很大。目前中高端显卡的显存频率主要有 1 600 MHz、1 800 MHz、3 800 MHz、4 000 MHz、5 000 MHz 等甚至更高。

（2）电源

电源是计算机工作的动力源泉。电源功率不足，将导致计算机无法稳定运行，如运行程序时莫名其妙地死机或蓝屏，屏幕边缘出现波纹，显示器显示的字符晃动，等等。此外，如果电源功率不足，同时使用多个驱动设备，放入光盘后，光盘只要一开始高速旋转，主机就会重新启动；计算机在工作过程中会无规律地出现硬盘丢失，造成系统在写盘或读盘时找不到硬盘而死机，这往往缘于电源的功率不足。很多时候，功率不足的电源尤其是劣质电源将损坏计算机内部组件。

① 200 W 的电源标准见表 3-1 和表 3-2。

表 3-1　符合 ATX 2.03 标准的 200 W 电源

输出电压 /V	最大输出电流 /A	峰值输出电流 /A
+12	8	10
+5	21	
+3.3	14	
−5	0.3	
−12	0.8	

表 3-2 符合 ATX 12 V 标准的 200 W 电源

输出电压 /V	最大输出电流 /A	峰值输出电流 /A
+12	10	12
+5	21	
+3.3	14	
−5	0.3	
−12	0.8	

② 250 W 的电源标准见表 3-3 和表 3-4。

表 3-3 符合 ATX 2.03 标准的 250 W 电源

输出电压 /V	最大输出电流 /A	峰值输出电流 /A
+12	10	12
+5	25	
+3.3	16	
−5	0.3	
−12	0.8	

表 3-4 符合 ATX 12 V 标准的 250 W 电源

输出电压 /V	最大输出电流 /A	峰值输出电流 /A
+12	13	16
+5	25	
+3.3	20	
−5	0.3	
−12	0.8	

③ 300 W 的电源标准见表 3-5 和表 3-6。

表 3-5　符合 ATX 2.03 标准的 300 W 电源

输出电压 /V	最大输出电流 /A	峰值输出电流 /A
+12	12	14
+5	30	
+3.3	20	
−5	0.3	
−12	0.8	

表 3-6　符合 ATX 12 V 标准的 300 W 电源

输出电压 /V	最大输出电流 /A	峰值输出电流 /A
+12	15	18
+5	30	
+3.3	28	
−5	0.3	
−12	0.8	

活动 3.2.2　了解几种常见 IT 产品质量标准

 **相关知识**

1. 路由器

路由器是工作在 OSI 模型第三层（网络层）、用于选择数据包传输路径的网络设备。路由器的主要性能指标如下。

① CPU：CPU 是路由器最核心的组成部分，CPU 的好坏直接影响路由器的吞吐量（路由表查找时间）和路由计算能力（影响网络路由收敛时间）。一般来说，处理器主频在 100 MHz 或以下的属于较低主频，这样的低端路由器适合普通家庭和 SOHO 用户使用；100～200 MHz 属于中等主频；200 MHz 以上则属于较高主频，适合网吧、中小企业用户以及大型企业的分支机构。

② 内存：目前的路由器产品中，128 MB 及以上就属于较大内存，一般为 128 MB 以下。

③ 吞吐量：吞吐量是指在不丢包的情况下单位时间内通过的数据包数量，也就是指设备整机数据包转发的能力，是设备性能的重要指标。路由器吞吐量表示的是路由器每秒能处

理的数据量，是路由器性能的一个直观反映。

④ 支持的网络协议：常见的网络协议有 TCP/IP 协议、IPX/SPX 协议、NetBEUI 协议等。在局域网中用得比较多的是 IPX/SPX。用户如果访问 Internet，就必须在网络协议中添加 TCP/IP 协议。

⑤ 线速转发能力：所谓线速转发能力，就是指在达到端口最大速率的时候，路由器传输的数据没有丢包的能力。路由器最基本且最重要的功能就是数据包转发，线速转发是路由器性能的一个重要指标。在同样端口速率下转发小包是对路由器包转发能力的最大考验，全双工线速转发能力是指以最小包长和最小包间隔在路由器端口上双向传输同时不引起丢包的能力。

⑥ 带机数量：带机数量就是路由器能负载的计算机数量。在厂商介绍的性能参数表上经常可以看到标称路由器能带 200 台计算机、300 台计算机，但是很多时候路由器的表现与标称的值都有很大的差别。这是因为路由器的带机数量直接受实际使用环境的网络繁忙程度影响，不同的网络环境带机数量相差很大。

2. 数码相机

数码相机主要性能参数如下。

① CCD 尺寸：即数码相机感光器尺寸，CCD 面积越大，能容纳感光元件越多，感光性能越好，图像就细腻，层次丰富。一般选择 1/2.5 英寸的。1/1.8 或 1/1.7 英寸就比较好了。

② 最大光圈：一般 F2.8 到 F8.0 的光圈可以支持 80% 的拍照时间。数字越大，光线就越少，适合白天拍照；数字越小，光线就越多，适合夜间和光线不足时拍照。

③ CCD 的有效像素：像素越高成像质量越好，但像素过高会占用存储空间。一般家用，800 万像素就足够，目前市场上的数码相机像素都在 700 万以上。

④ 显示屏。目前一般为 3 英寸、20 万像素以上的显示屏，显示效果已经相当不错，3 英寸、104 万像素的显示屏是非常好的。此外还有可旋转的显示屏。

⑤ 光学防抖，可以抵消部分抖动的影响，提高出片率。

3. 打印机

① 打印幅面：打印幅面指的是打印机最大能够支持打印纸张的大小。它的大小是用纸张的规格来标识或是直接用尺寸来标识的。具体有 A3、A4、A5。

② 打印速度：是指打印机打印文稿所需要的时间，一般分为彩色文稿打印速度和黑白文稿打印速度，单位为 ppm（页 / 分），指的是产品在单位时间内能够打印 A4 幅面打印纸的数量。打印速度还与打印时设定的分辨率有直接的关系，打印分辨率越高，打印速度也就越慢。通常打印速度的测试标准为 A4 标准打印纸、300 dpi 分辨率、5% 覆盖率。

③ 打印分辨率：打印机分辨率又称为输出分辨率，是指在打印输出时横向和纵向两个方向上每英寸最多能够打印的点数，通常以 dpi（dot per inch，点 / 英寸）表示。目前一般

激光打印机的分辨率均在 600×600 dpi 以上。打印分辨率具体数值大小决定了打印效果的好坏。一般情况下激光打印机在纵向和横向两个方向上的输出分辨率几乎是相同的，但是也可以人为调整控制；而喷墨打印机在纵向和横向两个方向上的输出分辨率相差很大，一般情况下所说的喷墨打印机分辨率就是指横向喷墨表现力。打印分辨率不仅与显示打印幅面的尺寸有关，还受打印点距和打印尺寸等因素的影响，打印尺寸相同，点距越小，分辨率越高。

④ 打印语言：打印机语言是控制打印机工作的命令，目前主要有 PS、PCL 和 GDI 3 种控制语言。

⑤ 打印机控制器：这是影响打印速度的一个重要因素，它主要影响打印机将处理完毕的已接收打印作业传输到打印引擎进行打印这个过程。

⑥ 纸张输入容量：是指打印机支持多少输入纸盒，每个纸盒可以容纳多少打印纸张，喷墨打印机一般只有一个输入纸盒，该指标是打印机纸张处理能力大小的一个评价标准，同时还可以间接说明打印机自动化程度的高低。现在的喷墨打印机纸张存储容量大多在 150 页左右。

⑦ 打印介质：普通纸、厚纸、铜版纸、再生纸、信封、标签纸、薄纸。

⑧ 硒鼓寿命：硒鼓寿命指的是打印机硒鼓可以打印的纸张数量。可打印的纸张量越大，硒鼓的使用寿命越长。根据感光材料的不同，目前把硒鼓主要分为 OPC 硒鼓（有机光导材料）、Se 硒鼓和陶瓷硒鼓。在使用寿命上，OPC 硒鼓一般为 3 000 页左右，Se 硒鼓为 10 000 页，陶瓷硒鼓为 100 000 页。

【案例 3-2-1】相机显示屏有亮点

王女士在商场购买了一台某品牌单反相机，回家后拍摄时发现显示屏上有 6 个亮点。次日王女士前往售后维修站检测，工作人员在粗略检查后，声称这是正常现象，并反复强调"照相又不用显示屏"，不会影响正常使用，最终开具了一张"LCD 有亮点，未见故障"的检测报告。该维修站表示，根据目前的技术能力及制造水平，LCD 基本上很难达到 100% 的像素都符合规格，少于 0.01% 的像素可能偶尔失真，此现象并不影响最终成像，用户可以放心使用。

王女士觉得自己的相机存在瑕疵，要求退换却遭拒绝，这让王女士的维权路一时陷入了困境。

案例思考

• 你认为相机显示屏质量标准应当有哪些？消费者在购买相机时应从哪些方面考虑？

活动 3.2.3　了解 IT 产品质量方面存在的主要问题

 **相关知识**

在 IT 领域存在不少质量问题，而且有些 IT 产品质量缺陷已经危及用户生命和财产安全。例如，计算机、服务器等计算机类产品常出现蓝屏死机、自动重启、文件丢失等；手机产品售后服务态度不好、推脱三包责任、屏显故障、多次维修、维修时间长、非正常开关机、信息错误、死机、电池充不上电、信号差等；还有些电子数码产品信息数据莫名其妙丢失、信息传输错误，甚至有些笔记本电脑或手机电池爆炸。

无论从生产厂商的角度，还是从消费者的角度，都应当正视这个问题，维护正常市场秩序，保护好消费者合法权益。

下面就让我们通过几个案例来了解在 IT 领域存在的产品质量问题。

【案例 3-2-2】某重大信息化系统工程——故障问题

某重大信息化项目投资额大，涉及的开发商和软件供应商众多，社会影响大。某年初该系统中心服务器发生重大故障，由于系统采用了集中处理的体系结构，全部网点均陷于瘫痪。

监理公司立即督促工程总指挥部启动了紧急故障处理程序，成立了由各开发商参加的紧急故障处理小组，并由其对故障及时进行排查、分析和处理。但由于事故责任重大，各开发商为保护自己，在现场发生了激烈争执，故障处理小组工作陷于停滞。

由于该系统每拖延一天都会造成巨大的损害，为此，监理公司在征得工程总指挥部的同意后，出面保留了事故现场的数据，中止了纷争，并督促协调各开发商及时将系统恢复。

系统运行正常后，监理方认为隐患尚未排除，系统仍然可能随时出现故障，一方面督促工程总指挥部加大对系统的监控力度与快速反应能力，提前开始防灾中心与备用系统的建设。另一方面先后多次召集各开发商与设备供应商 HP、Oracle 对故障原因进行分析、排查，最终在几个月后，Oracle 公司公布了其 OPS 系统的漏洞与相应的补丁，问题得以最终排除。

几个月后，系统再次出现故障，两个业务量最大的分中心业务长达一周无法正常运行，开发方坚持认为不是软件失误产生的问题，而是业务人员的操作问题，具体原因可能是操作员的计算机使用水平较低，对问题处理流程不熟悉，操作前的培训不够，时间紧、工作量大情况下而出现疏漏等，并同时声称使系统恢复正常难度较大，需要花费大量人力物力。

监理方立即从公司总部借调了技术专家进行实地调研，结果发现，每季度末系统均有一次大规模的汇总工作，但该模块一直不稳定，前几次均在有开发方人员现场支持下完成，这次故障正是由于开发方停止了技术支持服务，业务人员操作失误所造成。最终，在经过用户方领导、监理方的积极协调后，开发方技术人员将故障排除。

【案例 3-2-3】电视显示屏的故障

消费者张先生 2021 年 6 月向西青区消费者协会投诉称：其于 2018 年 12 月在天津市西青区购买的某品牌电视出现显示屏故障的质量问题，商家告知"没有维修价值"，可以给予更换一台新电视，但是只能换 2 000 元以内的电视。但张先生购买时花费了 3 999 元，他不认可这个解决方案，诉求更换与购买时同等价位的电视机。

西青区消协受理投诉后，立即进行调查。张先生所述情况属实。商家表示由于电子产品更新换代，换显示屏的价值超过了换新电视的价值，现在 2 000 元价值的电视机规格标准与张先生当时 3 999 元所购买的电视的规格标准相同。但张先生对此并不认可，同时拒绝其他解决方案。经调解，商家提出了新的换机解决方案，张先生对调解结果表示满意。

电视机显示屏自 2011 年 3 月 1 日起纳入《实施三包的部分商品目录》，张先生的电视机仍处于"三包"期内，商家应当依规承担退货或者换货、维修的"三包"责任。

【案例 3-2-4】购买电子产品务必当场验货

2020 年，某网站签约作家钱先生因工作需要在某电脑销售店购买一台计算机，购买时未进行当场验货，拿回家后开始写作的钱先生发现新电脑开机运行缓慢、办公软件卡顿，与自己预期相差甚远，认为商家存在"高价低配"现象，遂对商家进行了投诉，要求商家对该电脑的配置进行详细说明并更换部分电脑组件保障电脑运行流畅。

经区消保委现场核查，钱先生所购买价位计算机套餐价格及详细配置均悬挂在店内醒目位置，工作人员将钱先生提供的电脑配置和店内标明的套餐配置逐一进行比对发现所购商品与经营者标识一致，不存在随意减配的现象。

经营者表示钱先生所购电脑仍享受"三包"服务，如需升级配置可以另行加钱更换，其所提及的网上指导价仅供参考并非市场实际交易价格，开机缓慢、软件运行卡顿问题可能系所开程序过多导致，优化程序运行即可解决。经沟通，钱先生不再坚持自己的诉求，接受工作人员的调解。

【案例 3-2-5】无人机事故谁来负责任？

陈先生反映，他于 2021 年 5 月购买无人机，飞行 74 次，飞行里程 152 公里，飞行时长近 10 个小时。2022 年 1 月 31 日晚，他在某人行道处操作无人机，起飞时 GPS 信号正常，后信号出现断续，无人机上升过程中 GPS 信号丢失，账号被强制退出，无人机飞丢。该无人机此前曾两次送修，更换过配件，2021 年 8 月份第二次维修送回后，陈先生发现 GPS 卫星定位反应比之前慢很多，质疑无人机存在质量问题。就飞丢责任认定和售后方案，陈先生与客服进行过多次沟通，客服称"只能半价回收剩余配件"。

案例思考

- 读完此案例你的直接感受是什么？产品质量瑕疵到底谁来负责任？

_____

_____

_____

【案例 3-2-6】电视维修故障多，履行三包终解决

2021 年 10 月，消费者李先生在某商场购买了一台某品牌电视机，使用过程中出现故障，多次维修仍未彻底解决，要求商家进行处理，商家同意为消费者更换新机，但一直拖延，无奈之下李先生向市场监管局求助。

接到求助后，工作人员立即联系双方当事人，经了解，消费者于 2021 年 10 月 7 日购买的电视机，使用中出现故障，多次维修仍未解决，该电视机尚在三包期限内，商家应给予及时处理。经调解，商家同意为李先生更换同型号同规格电视机。

工作人员认为，《中华人民共和国消费者权益保护法》第二十四条明确规定：经营者提供的商品或者服务不符合质量要求的，消费者可以依照国家规定、当事人约定退货，或者要求经营者履行更换、修理等义务。此案中消费者购买的电视机尚处在三包期，多次维修都无法彻底解决，经营者应当按照相关法律法规给予换货处理。

目前，有些企业在销售过程中号称"无所不包"，但一旦产品出现问题，即使有三包规定或者企业承诺保护，消费者的维权道路还是很艰辛。

活动 3.2.4   技能训练：分析 IT 产品质量管理的重要意义

【活动要求】① 4~6 人组成一个小组，以小组形式完成讨论；② 重点分析 IT 产品质量管理分别对厂商、用户、社会三方的重要意义；③ 可以用具体的某一 IT 产品进行阐述；④ 一定要提出主题观点，同时要说明理由。

【活动过程】

选择的 IT 产品：

_____

_____

_____

IT 产品质量管理方面存在的现实问题和原因：

_____

_____

_____

解决途径及合理化建议：

_____

_____

_____

IT 产品质量管理意义（针对三方来分析）：

_____

_____

_____

教师点评：

_____

_____

_____

任务 3.3　了解有关 IT 产品经营销售方面的政策

 问题引入

- 对每个消费者来讲，产品包修期越长越好，如果你是 IT 产品用户，你希望你的包修期多长？此时你会不会适度考虑厂商的承受度？

_____

_____

你知道吗？

"胡萝卜加大棒"是指运用奖励和惩罚两种手段以诱发人们所要求的行为。这一方法同样适用于销售领域，有些政策措施对一个企业来讲，既可能是激励，又可能是惩罚。比如一个厂商面对国家某一经营销售政策时，遵守就会得到竞争优势，违反就会得到相应惩罚。

活动 3.3.1　了解 IT 产品质量认证制度

相关知识

产品质量认证制度，是指国家质量监督管理部门认可的认证机构根据企业的申请，依据产品标准的技术要求，对其产品进行审核、评定，并对符合标准和要求的产品颁发质量认证书的制度。这也是我国参照国际先进的产品标准和技术要求，积极推行的有利于提高产品质量、提高产品竞争力的一种管理制度。

产品质量认证的种类有合格认证、安全认证两种。它的认证原则有自愿认证和强制认证。产品经认证合格的，由认证机构颁发产品质量认证证书，并准许企业使用产品质量认证标志在市场上流通。

随着市场经济的发展，企业之间的竞争日益激烈。提高产品和服务质量在竞争中非常重要，而认证是质量管理和质量保证的一个重要手段。因此企业纷纷进行各种质量方面的认证。

（1）IT 企业质量体系认证制度

ISO9000 是一组标准的统称，是 ISO 发布的 12 000 多个标准中核心标准之一。ISO9000 质量管理体系标准问世以来，在全球范围内得到广泛的采用，对推动企业的管理工作发挥了积极的作用。

ISO（国际标准化组织）和 IAF（国际认可论坛）于 2008 年 8 月 20 日发布联合公报，一致同意平稳转换全球应用最广的质量管理体系标准，实施 ISO9001：2008 认证。

（2）强制性产品认证制度

按照标准化法的规定，我国国家标准和行业标准分为强制性标准和推荐性标准。凡属保障人体健康，人身、财产安全的标准和法律、行政法规规定强制执行的标准，属于强制性标准。省、自治区、直辖市人民政府标准化行政主管部门制定的有关工业产品的安全、卫生要求的地方标准，在本行政区域内是强制性标准。除此之外其他的国家标准和行业标准，为推荐性标准。按照标准化法和产品质量法的规定，对产品质量的强制性标准，必须执行；不符合强制性标准的产品，禁止生产、销售和进口。推荐性的标准，鼓励企业自愿采用。为便于识别和执行两类不同效力的标准，国家质量技术监督局规定了强制性国家标准和推荐性国家标准的代号：强制性国家标准的代号为"GB"，推荐性国家标准的代号为"GB/T"。

中国强制认证（China Compulsory Certification，CCC，简称"3C"）标志如图 3-9 所示。

强制性产品认证制度在推动国家各种技术法规和标准的贯彻、规范市场经济秩序、打击假冒伪劣、促进产品的质量管理水平和保护消费者权益等方面，具有其他工作不可替代的作用和优势。

强制性产品认证制度适用的 IT 产品范围为：微型计算机（PC）、服务器和笔记本电脑、显示设备、投影仪、机内开关电源、电源

图 3-9   3C 认证标志

适配器、充电器、打印机、绘图仪、扫描仪、收款机、学习机、复印机等。其检测标准遵照 GB4943《信息技术设备（包括电气事务设备）的安全》、GB9254《信息技术设备无线电骚扰限值和测量方法》和 GB17625.1《低压电气及电子设备发出的谐波电流限值》。

（3）TCO 认证

TCO（The Swedish Confederation Of Professional Employees，瑞典劳工联盟）标准的作用实际上是为了规范设备，使其符合人体工程学，同时也用一些数据指标来检测电子设备对人体的危害程度。目前 TCO 主要针对显示器和手持设备。TCO 标准主要从生态学、辐射、能源、人体工程学和电气安全 5 个角度对参与评测的设备进行评估，只有完全符合的设备才能通过 TCO 认证。

TCO 认证是目前显示器行业中公认较为通行的安全及环保标准认证。如果购买的显示器通过了 TCO 的认证，那么在使用的安全性和环保方面都经过了最为严格的检测，可以放心使用。随着时间推移，TCO 的认证标准也越来越严格，从 TCO 1992 到 TCO 95，我们现在可以在市场上看到的标准有 TCO 99 和 TCO'03（图 3-10）。

图 3-10   TCO 的几种标准

（4）ISO20000：2005 IT 服务认证

IT 服务对于当今的业务交付是必不可少的。然而，人们越来越担心 IT 服务（无论是内部还是外包）无法与业务需求和客户需求保持一致。

这一问题的公认解决方案便是使用基于 IT 服务管理的国际标准——ISO/IEC 20000 的

IT 服务管理体系（ITSMS）。

ISO/IEC 20000 建立在英国标准 BS 15000 的基础之上并取而代之。

ISO/IEC 20000 的发布分为两个部分：第一部分是服务管理规范，涵盖了 IT 服务管理。认证机构根据此部分对组织进行审核，它规定了要通过认证须达到的最低要求；第二部分是服务管理的实施准则，描述了规范范围内服务管理流程的最佳做法。

任何依赖 IT 服务的组织，不论其规模大小、所属行业或地理位置如何，均可使用 ISO/IEC 20000。该标准尤其适合于内部 IT 服务提供商（如 IT 部门）和外部 IT 服务提供商（如 IT 外包组织）。

该标准已经对一些依赖 IT 的主要行业产生了积极影响，例如业务流程外包、电信、金融和公共部门。

【案例 3-3-1】推销油漆使"歪招"，冒用认证标志遭到重罚

四方工商分局水清沟工商所执法人员在大沙路一处平房内，发现有人正在往某品牌油漆的外包装上贴质量认证标志。经查，当事人张某为一公司推销油漆，为了使油漆好卖，他擅自使用了"ISO9002 国际质量体系认证"和"中国环境标志产品认定"两种产品质量标志，其行为严重违反了《中华人民共和国产品质量法》的有关规定。工商部门依法对张某处以 5 000 元罚款。

【案例 3-3-2】非法使用无 3C 认证标志电话机案件

山东省莱阳市质量技术监督局查处两家通信公司在经营活动中非法使用无 3C 标志电话机案件。

根据国家有关法律规定，信息技术设备、电信终端设备等产品，未获得指定认证机构的认证证书，未按规定加施认证标志，一律不得进口、出厂、销售和在经营性活动中使用。莱阳市质量技监局根据群众举报线索，在对莱阳两家通信公司依法检查中发现，他们在经营活动中使用的进口电话机、GSM 无线接入固定电话均未经强制性产品认证。

活动 3.3.2   理解 IT 产品销售服务政策

 相关知识

所谓"三包"是指包修、包换、包退。对商品或服务实行"三包"，是经营者对商品（服务）承担质量保证的一种方法。其意义有二：一是促进经营者保证商品或者服务达到国家规定的质量要求；二是有助于消费者的消费需求得到最大程度的实现，保障消费者的合法权益不受侵犯。三包的基本内容是：经营者对所经营的商品（服务）在一定期限内若发生质量问题，便有免费修理、更换、退货的义务，如果经营者不履行此义务，则要承担相应的民事责任。

《微型计算机商品修理更换退货责任规定》《家用视听商品修理更换退货责任规定》是依据《中华人民共和国产品质量法》《中华人民共和国消费者权益保护法》制定的配套规章。

其中备受消费者关注的《微型计算机商品修理更换退货责任规定》（俗称"电脑三包"规定），由国家质检总局联合信息产业部以及国家工商行政管理局等有关部委共同签发，于 2002 年 9 月 1 日起施行。

所谓的"电脑三包"即是在有效期限内计算机经销商负有对产品包修、包换、包退的责任。

"电脑三包"规范了市场，使产业健康发展；消费者利益得到了更实在的保障。

【案例 3-3-3】加装导致"三包"纠纷

2019 年 10 月，王女士去长春火车站附近某科技城购买笔记本电脑，原本已经定好型号，科技城里的经销商却极力向其推荐另一款，称更适合她使用。王女士接受推销后，经销商又以"运行会更快，且不影响整机'三包'"为由，推荐加装内存和硬盘。加装过程中，笔记本电脑曾出现过蓝屏现象，王女士怕影响使用不想继续加装，但经销商解释称调试好了就没问题。第二天，笔记本电脑又出现蓝屏问题，最后干脆无法开机。王女士联系当地的品牌售后，只得到"笔记本电脑因加装配件不予质保"的答复。

王女士想退款但被经销商拒绝，无奈找到长春市消协进行投诉。面对消协调查，经销商坚称可以履行"三包"服务。品牌售后却称要看具体情况，如果是硬盘坏了，或者是由于硬盘加装导致笔记本电脑故障，这种非产品本身的性能故障是影响"三包"的。但如果加装硬盘后，硬盘使用正常，笔记本电脑主机又是出厂配置，产生"三包"所列性能故障，就不影响"三包"，即只要不是加装影响电脑，就可以"质保"。后来，售后人员又主动致电，称可将加装软件拆卸后到售后进行检查。但在两天后，售后人员再次来电，表示该品牌并未允许经销商擅自更改产品配置，对安装的硬盘以及硬盘导致的问题应该由经销商提供"三包"，产品保修承诺明确说明了这一点。

经多次反复调查、核实，在消协工作人员的努力下，经销商同意按照消费者要求重新更换一台笔记本电脑。

案例思考

- 你对"三包"规定是否有了解？你认为在购买笔记本电脑前，需要了解哪些知识？

【案例 3-3-4】手机屏幕莫名出现裂痕，销售者称不在三包范围内

薛先生 3 月 6 日在中国移动某直销店购买了一款某品牌手机。4 月初，手机的屏幕右下角突然出现了裂痕。薛先生将手机送到该店，要求换屏。店内的工作人员称要送去检测。检测之后的结果是屏裂，不在三包范围内，不可以免费换屏。"可是我的手机从来没有摔过，怎么好端端地就出现裂痕了呢？"

 案例思考

- 通过本案例，你是不是对"三包服务"又有了新的认识？"三包服务"制度中有哪些规定有待改善？

_____

_____

_____

活动 3.3.3　了解 IT 产品召回制度

 **相关知识**

1. 产品召回制度

产品召回制度，是指产品的生产商、进口商或者经销商在得知其生产、进口或经销的产品存在可能危害消费者健康安全时，依法向政府部门报告，及时通知消费者，并从市场和消费者手中收回有问题产品，予以更换、赔偿的积极有效的补救措施。

作为一种国际通行的做法，在商品召回制度成熟的国家，商品召回的程序、监督和赔款等都有明确规定。2004 年 10 月，我国出台了《缺陷汽车产品召回管理规定》，首次实行了汽车召回制度。自这项制度实施之后，众多汽车厂家纷纷对旗下的缺陷汽车实施召回。

2. 我国关于 IT 产品召回规定

国家质检总局正联合工业和信息化部、消费者协会等部门，针对电子产品的众多投诉，制定一份《产品责任担保条例》，将以责任担保的方式，促使企业对有缺陷的产品实施主动召回。该条例实施之后，将有更多企业对其有缺陷的产品实施召回。

实施产品召回制度的目的是及时收回缺陷产品，避免流入市场对大众的人身安全造成损害或扩大损害，维护消费者的利益。如果国家确立了某种商品的召回制度，那么厂商的行为还会受到第三方的监控，除了要主动发现产品问题，积极解决问题外，若有故意隐瞒缺陷或召回不力，缺陷产品继续给更多消费者造成损失，厂商还会受到相关机构的惩罚。

【案例 3-3-5】问题手机召回

在国家质检总局执法督查司进行约谈和启动缺陷调查情况下，三星（中国）投资有限公司向国家质检总局备案了召回计划，决定自 2016 年 10 月 11 日起，召回在中国大陆地区销售的全部 Note 7 手机，共计 190 984 台。本次召回范围内的产品，由于存在异常发热、燃烧等问题，有可能发生起火等严重后果。为了保护消费者人身财产安全，三星（中国）投资有限公司自 2016 年 10 月 10 日起已经停止生产、销售 Note 7 手机。

【案例 3-3-6】苹果召回部分笔记本电脑电池

2019 年苹果公司向国家市场监督管理总局备案了召回计划，将自 2019 年 6 月 20 日起，召回部分苹果笔记本电脑 MacBook Pro，中国受影响的电池数量约为 63 000 个。本次召回范围内的产品发生了 6 起发热事件报告，可能存在燃烧风险。对于召回范围内的电池，苹果公司将开展缺陷产品召回、安全技术改进工作，提升产品质量安全水平，并免费为符合条件的客户更换电池。

案例思考

● 你对 IT 产品召回制度有何看法？你认为我国在产品召回制度方面需要加强哪些方面？

【案例 3-3-7】索尼笔记本电脑的召回

索尼公司发出通告，宣布召回某系列笔记本电脑。据悉，全球受影响笔记本电脑约 44 万台，中国市场近 7.8 万台，占总数的 18%。

索尼称，此次召回的笔记本电脑具体问题是由于布线位置不规则可能导致电路短路以及发热过大。

其实，索尼早已有过类似的召回事件：索尼曾经宣布召回 41.6 万部数码相机，原因是这些相机的机壳可能会变形，形成一个锋利的边，进而可能划伤用户的手。

如果按照每台笔记本电脑至少 6 000 元的价格计算，此次事件估计造成索尼全球的经济损失达上亿元。

活动 3.3.4　技能训练：分析 IT 产品经营企业内部销售政策措施

【活动要求】① 4～6 人组成一个小组，以小组形式完成讨论；② 讨论分析目前在 IT 产品销售方面的厂商具体政策措施，包括对经销商、销售人员及代理商的奖惩制度或政策措施、企业自行制定的各项规定或承诺等；③ 可以以某一具体 IT 产品企业来举例阐述，同时要完成实施效果分析；④ 鼓励对 IT 企业销售政策提出建设性的合理化建议。

【活动过程】

选择的 IT 产品企业：

具体销售政策：

实施效果如何：

建设性合理化建议：

教师点评：

IT 产品销售渠道策略

销售渠道是商品或劳务到达消费者手中的桥梁与中介，是由一系列独立的组织单位或个人组成。销售渠道已经成为现代企业新的利润增长点，也成为企业重要的决策之一。因此，很有必要学习销售渠道策略，进而了解 IT 产品销售渠道方式及其特点。总的来说，IT 产品的特殊性决定了其销售渠道多种多样，本项目介绍一些常见的销售渠道。

IT 产品市场需求的多样性决定了企业必须营造好的销售渠道，方便顾客购买。销售渠道把远在千里之外的生产者与散布于世界各地的消费者联系在一起。

假设市场上只有 3 个制造商和 3 个不同的顾客及 1 个分销商。如果 3 家制造商都不用分销商，而直接与 3 个顾客进行交换各自的产品，如图 4-1 (a) 所示，交易次数需 9 次。如果每个制造商都利用分销商来进行交易，如图 4-1 (b) 所示，交易次数为 6 次。

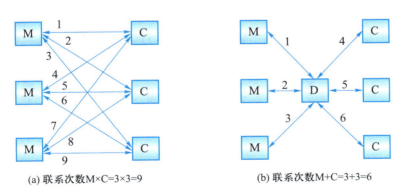

(a) 联系次数 M×C=3×3=9 　　　　(b) 联系次数 M+C=3+3=6

图 4-1　分销商经济效果示意图（M 为制造商，C 为顾客，D 为分销商）

结论：借助于分销商，整个系统的交易次数由 9 次减少到 6 次。当然，这只是在 3 个制造商和 3 个顾客的假设前提下，现代市场上制造商和顾客的数量远远不止这些，所体现出来的效果会更明显。可见利用分销商是实现最大经济效益的一个重要手段。那么，分销商如何给企业带来经济效益？企业应当怎样有效利用这些分销商来提高市场占有率？下面我们就带着这些问题，分析讨论 IT 产品销售渠道策略的具体内容。

IT 产品销售渠道策略主要包括门店销售、代理销售、特许经营和网络销售等方式。而具体运用什么样的销售渠道策略，取决于公司及产品具体特点，不同产品采用不同的渠道策略。

任务 4.1　全面了解 IT 产品门店销售方式

问题引入

● 如果让你购买某一 IT 产品，你一般从哪里购买？怎样去购买？理由是什么？

_____

_____

_____

你知道吗？

某世界著名品牌主打高端消费品，由于一度忽视营销渠道对企业战略发展的作用，造成了产品营销渠道的混乱和错位。有些零售商的档次、规模、知名度等根本不能与其品牌形象相匹配，但公司仍然对它们的加盟敞开大门。到 20 世纪 80 年代后期，该品牌在全球的经销商发展至几千家。从数量上讲，公司的零售队伍得到扩大，但鱼龙混杂的零售队伍非但没有给公司创造利润，却给其品牌形象造成负面冲击，致使许多老顾客流失，引起销售量的急剧滑坡。痛定思痛，公司重新调整了营销渠道战略，大刀阔斧地将那些整体形象与其品牌形象不相称的零售商从分销队伍中砍去，只保留了不到 500 家品质卓越的零售商。这一举措使其当年就产生了可观的成绩——利润上升了 45%。根据市场状况及时准确调整营销渠道策略是其转危为安的法宝。

活动 4.1.1　准确理解门店销售方式及其特点

门店销售是指有固定的进行商品陈列和销售所需要的场所和空间，并且消费者的购买行为主要在这一场所内完成的零售业态。专卖店、连锁经营店、超级市场、购物中心、普

通商店等都属于门店销售形式。

门店销售包括 POP 陈列、店内海报、折价券、人员推荐展示、柜台上样品展示，甚至商品包装本身的陈列与展示也能起到很好的销售传播作用。

门店销售有以下的特点：

① 门店销售属于被动销售，销售人员站在店面内等待顾客上门。顾客上门时需要销售人员采用顾客喜欢的方式迎接顾客。

② 店铺内可采取柜台式和开架面售两种方式进行销售。目前在 IT 产品销售方面，大多数店铺都选择开架面售方式进行销售，方便指导顾客购买所需产品。

③ 门店销售对销售人员专业及业务素质要求较高。IT 产品销售人员必须对每种产品的规格性能、指标参数、售后服务、操作演示等方面拥有相当熟练的专业技能。同时，还要掌握销售相关的业务知识和技能。

【案例 4-1-1】认真对待顾客的意见

在门店销售中，有时会碰到态度很好的顾客，他们愿意对销售人员说一些鼓励、赞美的话，例如"××品牌计算机质量好，服务也不错"或"你介绍得挺好，谢谢你"。这会使销售人员心情振奋，感到工作有意义。当然，也有不少挑剔的顾客，提出"这款机器外形不好看，价格也比其他品牌的贵""内置音箱不仅效果不好，而且对其他部件也有影响，我看不好"等意见，使销售人员气馁。其实，对于销售人员来说，有时负面的意见更为可贵。

有位顾客到一家计算机销售店面购买某型号计算机。在购买商品后，不仅挑了很多机器的缺点，而且提出很多问题，并且不断催促销售人员解决问题，甚至有所抱怨。

但是，如果没有这位顾客的抱怨，没有人会想到要解决这些问题，在服务这一顾客的过程中，销售人员受益匪浅。事后几次遇到类似问题，销售人员都能迅速地解决。可以说，在一定程度上，顾客的抱怨提高了销售人员的能力与工作效率。

顾客的抱怨恰恰说明了他对商品很关心，说明他对门店和销售人员寄予了信任和期望。作为销售人员，要善于从顾客的意见中寻找自己有待改进的地方。

 案例思考
- 你认为销售人员应如何对待顾客的负面意见？

活动 4.1.2　熟悉店面选址技巧

 **相关知识**

随着人们生活节奏的不断加快，时间的价值也在提升，消费者对零售商家的需求已经不仅仅满足于能买到商品，而是逐渐上升到尽可能便利地买到商品，增加了对购物便利性的需求。要满足这一需求，除了营销技术的运用外，主要是依赖商家选择店面地址的技巧。

店面地址是 IT 产品销售的核心竞争力，也是 IT 产品销售的生命力，是商家充分满足消费者需求的基础。

这种核心竞争力集中体现于店面选址是否合适，因为店面是商业经营的基础平台，是难以改变的实体，是无法复制的资源。对于一家已建成的店铺，要对其硬件进行任何改造都会付出很大的代价，更不必说改变店铺所在的位置了。由于受地理环境、人文环境等多种因素的综合影响，任意一处店面地址都不会是完全一样的。一个商家占有了一处位置很好的店面并取得经营成功后，尽管其他商家可以完全模仿进货商品和营销技巧，甚至可以挖走销售人员，共享几乎所有的资源，但唯一做不到的是得到完全相同的店面地址。

（1）IT 产品销售店铺选址的宗旨是方便消费者前来购买

购物是否便利往往是消费者选择商家的重要因素，特别是当各商家的商品种类、质量、价格近似的情况下，便利与否几乎起到了决定性的作用。因此在店铺选址中，一切都要立足于消费者的立场，着眼于能否使消费者在购物中感到便利。

（2）IT 产品销售店铺选址技巧的核心是 5A 法则

5A 法则即便利法则，"A"是 Advantage（便利）的首字母，由于便利法则的基本内容包含了 5 个方面的便利，所以称为 5A 法则。

5A 法则的基本理念是：以消费者为本，为消费者购物提供全程便利。以消费者为本，就要站在消费者的立场为消费者着想，明确选址工作"为何做"；提供全程便利就要对消费者购物的全程进行分析研究，明确选址工作该"如何做"。5A 法则涉及如下 5 个方面的内容。

① 交通便利。交通便利是指让预期数量的消费者能方便地从其出发地到达店铺所在的地域，如靠近地铁站、公交站等。

② 确认便利。确认便利是指让消费者能便利地找到目标店铺，通俗地讲，就是店铺醒目好找。

③ 趋近便利。趋近便利是指让消费者能便利地到达店铺门前。

④ 进出便利。进出便利是指让消费者能便利地进出店铺。

⑤ 选购便利。选购便利是指让消费者能便利地在店铺内辨认、选择、拿取、携带所需

商品以及结算付款。

围绕这 5 方面的内容，以购物便利性为主线，5A 法则囊括了店铺选址工作中的各个主要环节，为确定店址的各项标准和指标提供了依据。

除了需要满足以上 5 种消费者的便利需求外，选址时还需要注意满足商家自身在经营管理中对店铺地址的便利性要求，例如，要考虑货运通道、专用卸货区、货梯、库房、办公房位置等。

【案例 4-1-2】某 IT 公司对其加盟店选址要求

某 IT 公司主要销售计算机等电子产品，它对其加盟店选址有着严格的标准，具体见表 4-1。

表 4-1　某 IT 公司加盟店选址要求

	项　目	标　准	重要程度
周围商圈要求	商圈特点	为该地区顾客主要的购物场所，面向本地顾客为主，客流量稳定且集中于专卖店附近，具有中高档消费特点，顾客滞留性较强	重要
	商场和电脑城经营计算机情况	有一定的计算机销售基础，如计算机相关店铺等，且经营良好	较重要
	知名店铺	该地区知名店铺、地区性商业中心店	较重要
	人口统计特性	附近居民 10~45 岁年龄人口居多，青年占的比例大于 40%；中高收入、中高等文化程度人口比例大于 40%	重要
	盈利性分析	通过盈亏平衡计算，预计签约期的三年内销量利润大于三年内费用	决定因素
店面外部要求	专卖店店址的城市规划	在城市规划红线外，3~5 年内不会有拆迁，店面不能为临时建筑，不存在主要交通干道改造等问题	决定因素
	两侧店铺情况	其经营应有较高档次（绝对禁止餐饮和美容娱乐业）。其顾客群与专卖店较为相近：较强消费能力、年龄在 15~50 岁之间	重要
	交通干道	专卖店门前至少有一条交通主干道（双向并排能容纳四辆公交车辆通过）	重要
	公交车辆	经过专卖店门前主干道的公交线路在两条以上	决定因素
	交通工具通行状况	应能满足各种城市交通工具通行	重要
	专卖店离主要交通路口距离	小于 150 m	较重要
	公交车站离店距离	专卖店一侧，小于 60 m 马路对面，小于 100 m	重要

续表

项　目	标　准	重要程度
过街天桥或地下通道离店距离	如店前马路中间有隔离带，则天桥或地下通道到店面的距离小于 50 m	重要
门前停车情况	店门前或小于 50 m 的范围内至少保证能有一个停车位	重要
店面上门头宽度	不小于 7.5 m	决定因素
店面上门头高度	不小于 1.6 m	决定因素
门头面积	不小于 12.8 m²（门头宽度和高度的比例约为 3∶1 或 4∶1 或 5∶1）	决定因素
店面视觉效果	专卖店门头应有较好的突出形象，门头附近没有严重的视觉干扰（如电线杆、树木、其他广告牌） 店面前无遮拦物及影响其店面形象的经营个体存在（如小商贩、地摊），专卖店视角大于 120°	决定因素
周围招引顾客所需 POP 广告牌情况	有放置 POP 广告牌的地方，弥补专卖店存在的视觉死角	重要
通信设施	直拨电话≥2 部	重要
WIFI 信号	应有无线网络连接	重要
消防情况	房屋结构符合国家消防规定，有灭火器、消防栓等设备	决定因素
租期	大于 3 年	决定因素

注：

决定因素如不满足将不被确认为专卖店地址。

重要因素在专卖店选址评判时，将被重点考虑。

较重要因素在专卖店选址评判时，应作为考虑因素加以了解并争取按标准实现。

  案例思考

• 你从案例 4-1-2 中 IT 公司对其加盟店的选址要求中学到了哪些关于店面选址知识？

• 你认为在店面选址方面除了这些因素外，还应考虑哪些因素？

_____

_____

_____

活动 4.1.3　掌握店面商品陈列技巧

　**相关知识**

合理地陈列商品可以起到展示商品、刺激销售、方便购买、节约空间、美化购物环境的作用。据统计，店面如能正确运用商品的配置和陈列技术，销售额可以在原有基础上提高 10%。

1. 商品陈列要点

① 货架每一层至少陈列 3 个品种的商品（畅销商品可少于 3 个品种），即保证品种数量，如图 4-2 所示。

② 暂缺货时，要采用销售量大的商品来临时填补空缺商品位置，但应注意商品的品种和结构之间关联性的配合。

③ 系列产品应该呈纵向陈列，如图 4-3 所示。如果它们横向陈列，顾客在挑选某个商品时，就会感到非常不便。

图 4-2　陈列商品的货架

图 4-3　商品纵向排列

实践证明，两种陈列所带来的效果的确是不一样的。纵向陈列能使系列商品体现出直线式的系列化，使顾客一目了然。系列商品纵向陈列会使 20%~80% 的商品销售量提高。另外纵向陈列还有助于给每一个品牌的商品一个公平合理的竞争机会。

2. 合理利用货架的不同位置陈列商品

提高销量最关键的是货架上黄金位置的销售能力。图 4-4 所示为货架上不同位置的商品陈列。一项调查显示，对商品在陈列中的位置进行上、中、下 3 个位置的调换，商品的销售额会发生如下变化：从下往上更换位置的商品销售量一律上涨，从上往下更换位置的商品销售量一律下跌。

目前普遍使用的陈列货架一般高 165～180 cm，长 90～120 cm，在这种货架上最佳的陈列位置不是上段，而是处于上段和中段之间的位置，这样的位置称为陈列的黄金位置，如图 4-5 所示。

图 4-4　货架上不同位置的商品陈列

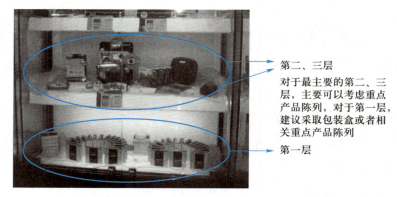

第二、三层

对于最主要的第二、三层，主要可以考虑重点产品陈列，对于第一层，建议采取包装盒或者相关重点产品陈列

第一层

图 4-5　货架的黄金位置

黄金位置的高度一般在 85～120 cm 之间，它是货架的第二、三层，是眼睛最容易看到、手最容易拿到商品的陈列位置，所以是最佳陈列位置。

此位置一般用来陈列高利润率商品、自有品牌商品、独家代理或经销的商品，如图 4-6 所示。该位置最忌讳陈列利润率过低的商品，那样对零售店来讲会损失巨大的利润。

在货架的其他两个位置段，最上层通常陈列需要推荐的商品，下层通常陈列销售周期进入衰退期的商品，如图 4-7 所示。

图 4-6　黄金位置陈列的商品

图 4-7　其他位置陈列的商品

3. 熟知商品陈列的基本原则

有效的商品陈列可以引起消费者的购买欲，并促使其采取购买行动。做好商品陈列必须遵循一些基本的原则，包括可获利性、好的陈列点、吸引力、方便性、价格、稳固性 6

个方面。

（1）可获利性

① 陈列必须有助于增加店面的销售。

② 努力争取有助于销售的陈列位置。

③ 要注意记录能增加销量的特定陈列方式和陈列品。

④ 分析商品陈列对获利的帮助。

⑤ 采用"先进先出"的原则，减小退货的可能性。

（2）好的陈列点

① 传统型商店中，柜台后面与视线等高的货架位置、磅秤旁、收银机旁、柜台前等都是较好的陈列点。

② 专卖店或超市中，与视线等高的货架、顾客出入集中处、货架的中心位置等都是理想的陈列位置，如图 4-8 所示。

③ 开展促销时要争取下列位置：商店人流最多的走道中央、货架两端的上面、墙壁货架的转角处、收银台旁等。

④ 不好的陈列点：仓库出入口、黑暗的角落、店门口两侧的死角、气味强烈的商品旁等。

（3）吸引力

① 将现有商品集中堆放以凸显气势。

② 正确贴上价格标签。

③ 完成陈列工作后，故意拿掉几件商品，这样既可以方便顾客取货，也可以造成产品销售良好的迹象。

④ 陈列时将本企业产品与其他品牌的产品明显地区分开。

⑤ 配合空间陈列，充分利用广告宣传品吸引顾客的注意，如图 4-9 所示。

⑥ 可以运用整堆不规则的陈列法，既可以节省陈列时间，也可以产生特价优待的意味。

图 4-8　专卖店布置

图 4-9　增加吸引力

（4）方便性

① 商品应陈列于顾客便于取货的位置。

② 争取较好的陈列点，争取使顾客能从不同位置取得商品。

③ 保证货架上有 80% 以上的余货，以方便顾客选购。

④ 避免将不同类型的商品混放，促销宣传品（如 POP 广告）不要贴在商品上。

（5）价格

① 价格要标识清楚。

② 价格标签必须放在醒目的位置，数字的大小也会影响对顾客的吸引力。

③ 直接写出特价的数字比告诉顾客折扣数更有吸引力。

（6）稳固性

商品陈列在于帮助销售而不是进行"特技表演"，要注意陈列的稳固性，如图 4-10 所示。在做堆码展示时，既要考虑堆到可以保持吸引力的高度，也要考虑到堆放的稳固性。在做箱式堆码展示时，应把打开的箱子摆放在一个平稳的位置上，更换空箱应从最上层开始，以确保安全。

图 4-10　商品陈列的稳固性

【案例 4-1-3】IT 门店商品陈列是销售成功的关键

某品牌电脑专卖店经营该品牌笔记本电脑、显示器、数码产品等。店面地处商城入口处，位置好，人流量大，但店面展示区均内置，入口处有一个 2 m 宽的大柱子遮挡了店面，展区露出效果差，仅有两个显示器展柜露出在外，陈列显示器产品，顾客进店率非常低。为了使店面更吸引顾客，让店面产品展示具有连贯性，让产品更有亲近感，销售人员对店内商品陈列做了全面的调整。

如图 4-11（a）所示，改善前整个店面可以看到的是位于店面走廊的两个显示器高柜及店内显示器高柜和部分数码产品，在外的显示器高柜上陈列了显示器和笔记本电脑产品。很显然，店主想利用这个顾客接触最多的平台，告诉顾客店内有笔记本电脑出售。但整个展柜光线偏暗，且笔记本电脑出样少，和室内的笔记本电脑展区形成了断层，未能激起顾客进店的冲动与欲望。

改善后，如图 4-11（b）所示，利用展柜转角处空间，将机器面向顾客摆放。使整个展柜的陈列看起来更流畅。产品面向顾客，顾客容易在店外注意到产品，使封闭的空间变得开放，提高亲近度。并利用颜色鲜艳的小饰品修饰柜台，将柜台提亮。

如图 4-12（a）所示，改善前店面内的显示器柜台的产品呈直角出样，产品未面向顾客陈列，顾客在店外时，不容易注意到产品，整个内部展区呈封闭状态。而进店后，这样的陈列也容易使顾客和产品产生心理距离，不利于产品的成交。

如图 4-12（b）所示，改善后利用展柜转角处空间，将机器面向顾客摆放。

如图 4-13 所示，我们不难看出店面整体效果有了明显的改观。好的商品陈列的确能够吸引顾客，给顾客塑造舒适的购物环境。

（a）改善前

（b）改善后

图 4-11　改善前后对比图一

（a）改善前

（b）改善后

图 4-12　改善前后对比图二

（a）改善前

（b）改善后

图 4-13　改善前后对比图三

案例思考

• 通过本案例，你学到哪些陈列技巧？

活动 4.1.4   理解 IT 产品门店销售规程及销售技巧

相关知识

现代门店销售提供了情景化、沉浸式、代入式、交互式的全面体验式消费场景。企业通过门店销售模式可以搭建出一套可控的、可视的，并且更高效和低成本的产品触达模型。

在店内营业中服务程序包括迎接顾客、识别客户购买信号、介绍商品、应对顾客异议、达成交易、售后服务等环节。当然一个优秀的营业员要完成这些工作流程外，还要做好每一次接待顾客的准备工作，包括仪容仪表、店内及柜台卫生、检查商品、检查价签、检查演示道具等规范化工作。

1. 接待初次见面的客户——第一印象的重要性

（1）接待初次见面的客户的态度

① 以亲切和诚恳为原则。

② 不要轻视对方。

③ 要对自己有信心。

④ 不自然或者做作的态度容易引起对方的反感。

（2）初次见面的谈话技巧

① 初次见面时，应先和对方打招呼。

② 谈话前先称呼对方可使对方有亲切感。

③ 交谈时，不要仅谈及公事。

④ 不要总是否定对方的话，也不要不切实际地吹捧，做到不卑不亢。

⑤ 别忘了要有幽默感。

⑥ 尽快问及对方有什么事情要自己为他处理，一味地闲谈只是浪费时间而已。

（3）适当使用形体语言

① 目光（用眼睛说话）。

俗话说，眼睛是心灵的窗户。很多时候，眼神更能够传递感情，人们可以从你的眼神中判断你的心理状态，也可以从你的眼神活动中得知很多信息。作为销售人员，要学会用眼睛说话，正确运用眼神的魅力。

在洽谈业务时，把视线停在对话者脸上的三角部分，这个三角以双眼为底线，上顶角到前额，这样对方会感到你的诚意。销售人员在和客户交谈时，眼神不能太锐利、冰冷。

② 微笑。

"伸手不打笑脸人""眼前一笑皆知己"。做销售需要热情的服务，冷若冰霜不应是销售人员的表情。微笑要发自内心，不要假装，最自然的笑才是最美的笑。一味地傻笑、苦笑或者无可奈何地笑，不但不能博得对方的好感，相反，还可能会造成不良的影响。

③ 握手。

握手是一种常见的"见面礼"，貌似简单，却蕴涵着复杂的礼仪细节。标准的握手姿势应该是平等式，即大方地伸出右手，手掌和手指用一点力握住对方的手掌。

（4）结束谈话的技巧

① 重要的事情，要尽快处理、解决。

② 观察对方的神态与心情，尽早结束谈话。

③ 应对对方花费时间光顾表示谢意。

④ 尽力博取对方的好感，以使对方再次光顾。

2. 如何高效地识别客户购买信号

在多数情况下，客户不会主动表示购买。但如果他们有了购买欲望，通常会不自觉地流露出购买意图，而且是通过其语言或行为显示出来。这种表明其可能采取购买行动的信息，就是客户的购买信号。那么客户会怎样流露出他们的购买意图呢？

客户发出的购买信号是多种多样的，销售人员识别客户购买信号有三大技巧：听其言（包括言辞与语音语调）、观其行和察其情。

（1）从语言信号去识别其购买信号

客户提出并开始讨论关于产品的使用、附件、保养、价格、竞争品等内容时，销售员可以认为客户在发出购买信号，至少表明客户开始对产品感兴趣。如果客户不想购买，客户是不会浪费时间询问产品细节的。

如果客户接着继续询问该产品的价格，并讨价还价，如"价格是否能够有一定折扣""有什么优惠"这种要求降低价格的语言，就是他再次发出了购买信号。此时客户已经将产品的利益与其支付能力在进行比较。

如果客户继续询问产品的售后服务细节，这是他第三次发出购买的信号。

如果客户继续询问付款的细节，这是客户第四次发出购买信号。

客户询问签售期、售后服务等方面的问题时，有可能就是马上签订合同的最好时机。

作为一名销售人员，一定要牢记：客户提出的问题越多，成功的希望也就相应的越大。客户提出的问题就是购买信号，尤其是客户在听取销售员回答问题时，显示出认真的神情。

（2）从动作信号去识别其购买信号

一旦客户完成了对产品的认识与思考过程，就会表现出与销售员介绍产品时完全不同的动作。如由静变动，动手试用产品，仔细翻看说明书，主动、热情地将销售员介绍给其负责人或其他主管人员。表现为以下几种情况：

① 客户动作由单方面转为多方面，客户刚开始答应只试用一个产品，现在要求试用全套产品。

② 客户忽然变换一种坐姿，下意识地摆弄钢笔，眼睛盯着说明书或样品，身体靠近销售人员，等等。

③ 客户对销售人员的接待态度明显好转，接待档次明显提高，等等。

（3）从客户的表情信号识别其购买信号

人的面部表情不容易捉摸，人的眼神有时更难猜测，但是销售员仍可以从客户的面部表情中读出购买信号。

① 眼神的变化。眼睛转动由慢变快，眼睛发光，神采奕奕。

② 腮部放松。由咬牙深思或托腮变为脸部表情明朗轻松、活泼与友好。

③ 情感由冷漠、怀疑、深沉变为自然、大方、随和、亲切。

客户总喜欢用肢体语言来表达他们对产品的兴趣。这些肢体语言的变化，需要销售员自始至终非常关注，就好比打开的雷达一样，不断地扫描购买信号的出现。这也就是很多"话语不多"的销售员业绩很好的原因，因为他们一边介绍产品，一边观察客户的变化；减少无效沟通，腾出时间与精力来观察客户言词语言、肢体语言的变化，从中捕捉购买信号的出现。

客户发出购买信号时，销售员应礼貌地提出成交要求，一般成交率都会很高。如果客户连续 2~3 次发出购买信号，而销售员无动于衷，那么客户不会再发出购买信号，因为他觉得销售人员没有诚意销售商品。销售无难事，只怕有心人。只要用心去识别客户的购买信号，适时进入达成协议阶段，销售的成功率就会很高。

3. 商品介绍

（1）了解介绍商品必备的 4 个条件

① 要引起客户的注意力。首先要充分说明商品的特点。商品的特点包括商品优势和商品利益。商品优势是指有别于竞争商品的优秀之处。商品利益是指消费者从商品上得到的好处。

② 要向客户证明你说的是对的。

③ 要让客户产生强烈的欲望来购买商品。

④ 利用一切机会表现你的商品。

当销售交谈时，如果遇到客户提出价格问题，应该引导将价格问题放在最后谈。假如客户不断地提到价格问题，表明你没有把商品真正的价值告诉客户，因此客户一直记住价格问题。一定要不断告诉客户为什么商品物超所值。

（2）如何与竞争对手的商品进行比较

① 不要肆意地贬低对手，否则客户会认为你相当不负责任，在怀疑对手商品的同时，客户很可能也怀疑你所销售的商品。

② 要说清楚自己商品和对手商品对比的三大优势与三大弱点，客户会认为你是在为他考虑，他会做出最符合自己要求的选择。

③ 掌握所销售商品独特的卖点，这样才能吸引客户选择自己的商品。

④ 给予对手和自己中性的评价，客观会使客户加深对自己商品的印象。

⑤ 配合对方需求的价值观，给客户做贴心的介绍。

⑥ 一开始就介绍商品最大、最重要的好处。

（3）如何向客户介绍商品的弱点

在向客户介绍商品之前一定要搞清楚自己商品的弱点。商品的弱点是指没有质量问题，却在竞争中相对于同类商品处于劣势的商品特点，例如：耗电量大、价格贵、包装不美观、样式旧、使用不太方便等。这些商品的弱点有的是因为商品的其他优点而产生的，有的是可以改变的，有的是不能马上改变的。在回答客户时，一定要加以区分。

当遇到客户问到商品的弱点时，可以按照下面的方法去做。

① 不要回避问题，也不要和客户争执，正面承认自己商品存在的弱点。例如：

"在长期的销售中，我们也发现了自己商品的这个弱点，你能指出来我们非常感谢，我们会尽力去改进的。"

② 要委婉地把自己商品产生弱点的原因讲清楚。例如：

"我们的商品之所以耗电量大，是因为我们为了保障商品的大功率，确保在紧急的情况下，我们的商品一样能正常地工作。"

"我们的商品之所以价格贵过同类商品，是由于我们为了保证商品的功效，选择了质量最好的原材料，所以它的效果一定要比同类商品好。这一点得到市场的验证。"

③ 向客户讲明为了弥补商品的弱点，所做的售后增值服务。例如：

"我公司生产的电子产品虽然比不上做了很长时间的厂家产品有名气，可我们也在努力打造自己的品牌，在售后服务上，我们承诺做到免费保修五年，终身维修。"

④ 向客户表明只要长期合作，会不断有优惠政策出台。

这一点不是为了欺骗客户而是真心实意为客户着想。向客户介绍商品除了不断实践之外，也有一些窍门，例如：把商品的介绍简化、概括后背下来，当客户问到时，直接就可以回答。总之，向客户介绍商品一定要注意销售知识和方法。

4. 应对客户异议

从接近客户、调查、商品介绍、示范操作、提出建议到达成销售协议的每一个销售步骤，客户都有可能提出异议。越是懂得异议处理的技巧，越能冷静、坦然地化解客户的异议，每化解一个异议，就去除你与客户一个障碍，你就接近销售成功一步。注意：销售是从客户的拒绝开始的。

据调查研究，一位不满的客户会把他的抱怨转述给8~10个人，而企业如果能当场为客户解决问题，95%的客户以后还会再来购买，但会有5%的客户流失；如果拖到事后再解决，处理得好，会有70%的客户再来购买，但客户的流失率增加到了30%。有效预防并及时处理客户抱怨对营销意义重大。

（1）理解客户异议的含义

客户异议是在销售过程中客户的不赞同、提出质疑或拒绝。例如：

① 你要去拜访客户，客户说没时间；

② 你询问客户需求时，客户隐藏了真正的动机；

③ 向客户解说商品时，他带着不以为然的表情。

（2）了解客户异议成因

客户异议成因如图 4-14 所示。

图 4-14　客户异议成因示意图

（3）知晓处理异议的原则

处理异议的原则如图 4-15 所示。

某公司培训销售人员时，列出应如何对待客户拒绝或抱怨的原则：

① 不要回避或漠视客户的不满；

图 4-15　处理异议的原则

② 推销人员要有容忍对方责难的雅量；

③ 要冷静听完对方的抱怨；

④ 不要争辩；

⑤ 尊重对方立场，尽量照顾对方的面子；

⑥ 不要意气用事；

⑦ 切忌过于主观；

⑧ 不要替自己找借口；

⑨ 不要急于下结论；

⑩ 避免采取轻视对方的言行；

⑪ 报告主管，商谈解决之道；

⑫ 要有"转祸为福"的应变能力。

（4）掌握处理异议的基本方法

处理异议的基本方法如图 4-16 所示。

图 4-16　处理异议的基本方法

① 直接否定法（反驳处理法）。

直接否定法是销售人员根据比较明显的事实与充分的理由直接否定客户异议的方法。例如以下对话。

客户："你们的商品比别人的贵。"

销售人员："不会吧，我们这里有同类商品不同企业的报价单。我们商品的价格是最低的。"

客户："听说这种手机辐射很厉害。"

销售员："不，这种手机的辐射量完全符合国家规定。"

正确地运用直接否定法，可增强说服力，增强客户的购买信心。但也容易使客户产生心理压力和抵触情绪，伤害客户的自尊。

注意：反驳客户的异议要站在客户的立场上，有理有据地摆事实、讲道理，让对方心服口服，而不是靠强词夺理压服客户。不要提高嗓门、情绪激动，对不熟悉和个性敏感的客户应尽量避免使用这种方法。

② 间接否定法（但是处理法）。

销售人员首先表示了对客户的理解、同情，或简单重复了客户的异议，使客户得到某些心理平衡，避免引起双方对立，先退后进，有利于保持良好的推销氛围。例如以下对话。

客户异议："这架照相机太复杂了，用起来不方便。"

销售人员："这是一架高级照相机，操作是稍微复杂一点，不过，只要掌握了使用方法，用起来还是很方便，而且效果特别好。"

关键是销售人员不露声色地转移话题，尽量做到语气委婉。

③ 不理睬法（装聋作哑法）。

不理睬法是销售人员判明客户所提出的异议与推销活动以及实现推销目的无关或无关紧要时避而不答的处理异议方法。例如以下对话。

客户："你们厂可真不好找。"

销售人员："是的，我们厂位置是有点偏。您看看我们的新商品在功能上又有一些改进。"

注意：态度要温和谦恭，让客户感到受尊重；马上找到应理睬的问题，避免客户受冷落。

④ 补偿法（抵销处理法）。

补偿法是销售人员在坦率地承认客户异议所指出的问题的确存在的同时，指出客户可以从推销品及购买条件中得到另外的实惠，使异议所提问题造成的损失得到充分补偿。

一个优秀的销售人员能坦然面对自己推销品的缺陷，相信推销品的优点足以让客户忽略推销品的不足而决定购买。

⑤ 转化法（利用处理法）。

销售人员利用客户异议中有利于推销成功的因素，并对此加工处理，转化为自己观点的一部分去消除客户异议的方法。例如以下对话。

客户："你们的商品又涨价，我们买不起。"

销售人员："您说得对，这些商品的价格又涨了。不过现在它所用的原材料的价格还在继续上涨，所以商品的价格还会涨得更高。现在不买，过一段时间更买不起了。"

这种方法是"以子之矛，攻子之盾"，把客户拒绝购买的理由转化为说服客户购买的理由，把成交的障碍转化为成交的动力。

销售人员在使用这种方法时应注意：

（a）要尽量真诚地赞美客户异议。

（b）认真分析与区别对待客户异议。

（c）应正确分析客户购买动机与影响商品推销的各种因素，向客户输出正确的信息。

⑥ 询问法（反问处理法）。

（5）处理客户抱怨的技巧

服务出了纰漏就会招致抱怨，关键时刻如果没有把握好就可能会前功尽弃。销售服务的过程中面对形形色色的人和各种不同的场合，不可避免地会出现意想不到的纰漏，导致客户抱怨、苛责甚至投诉。

① 为了以正确的心态面对顾客有理或无理的抱怨，销售人员应有如下意识：

（a）客户有权要求我们把服务做好。

（b）我们的存在是为了服务客户。

（c）引发客户抱怨是服务提供者的惭愧。

（d）成功处理抱怨可以重新获得顾客肯定。

② 面对抱怨应有积极态度。

当面对客户的抱怨和不满时，销售人员应该要有积极的态度，销售人员至少应该做到如下几点：

（a）把抱怨作为对自己的鞭策。

（b）努力提升服务品质。

（c）将客户当作自己的老师。

5. 促进成交

（1）了解成交的定义以及促进成交的重要性

所谓成交，是指客户接受推销人员的推销建议及推销演示，并且立即购买推销产品的行动过程。也就是客户与推销人员就推销产品的买卖商定具体交易。只有达成交易，才是真正成功的推销。

成交是面谈的继续，但也并非每一次面谈都会成交。在推销过程中，成交是一个独特的阶段，它是整个推销工作的最终目标，而其他的推销阶段只是达到推销目标的手段。成交是整个推销工作的核心，其他各项工作都是围绕着这一核心进行的。只有到了成交阶段，客户才能决定是否购买推销的产品。因此，成交是推销过程中最重要、最关键的阶段之一。没有成交，推销人员所做的一切努力都成为徒劳。

（2）了解达成交易的基本要素

① 客户必须具备内在的购买需求。

② 客户必须信赖销售人员。

③ 客户具有一定的购买能力。

④ 销售人员应利用良好的时机。

⑤ 推销一方有适当的商品和服务。

⑥ 双方达成共识。

（3）把握达成交易的时机

销售过程中出现下列的状况，都是促成交易的时机。

① 客户觉得他有支付能力时。

② 客户呈现出一些正面动作，如面带笑容、气氛轻松时。

③ 客户说出"喜欢""的确能解决我这个困扰"时。

④ 客户关注的问题得到圆满解决时。

⑤ 客户询问售后服务事宜时。

⑥ 客户询问货款支付方式时。

⑦ 客户询问你目前已使用的客户反馈信息时。

⑧ 客户提出的重要异议被处理时。

⑨ 客户同意你的建议时。

⑩ 客户对你有信心时。

6. 提供满意的售后服务

售后服务是产品生产单位对消费者负责的一项重要措施，也是增强企业产品竞争力的一种方法。

（1）填写客户资料，形成客户档案

在销售产品时，及时记录客户信息，之后整理形成客户档案，随时更新维护，以便开展更好的售后服务。

客户档案包括以下内容。

① 客户基本信息：姓名、联系方式（联系电话、通信地址、邮编、电子邮箱等）、生日。

② 客户所购商品信息：型号、数量、购买时间、购买地点、接待人员等。

③ 如果是机构客户，还需记录客户的负责人、税号、银行账号等信息。

（2）售后服务的主要内容和售后服务流程

① IT 产品售后服务的内容包括：

（a）代为客户安装、调试产品。

（b）根据客户要求，进行有关使用等方面的技术指导。

（c）保证维修零配件的供应。

（d）负责维修服务。

（e）对产品实行"三包"，即包修、包换、包退。

（f）处理客户投诉，解答客户的咨询，同时用各种方式征集客户对产品质量或服务方面的意见和建议，并根据情况及时改进。

② 售后服务流程如下：

（a）客户呼叫服务中心。

（b）服务中心调派。

（c）上门服务。

（d）客户验收。

（e）总结归档。

（f）跟踪回访。

（3）客户对 IT 产品售后服务的需求

对售后服务而言，客户的需求通常是两方面的。

① 以准确合理的方案和价格维修商品。

② 为客户提供一些使用的建议和指导，并充分考虑到客户的个性化需求，如图 4-17 所示。

图 4-17　客户的多方面需求

（4）售后服务的常见方式

① 电话跟踪服务。

经常回访客户是一个成功销售人员必需的工作，回访电话给予客户一种归属感，使其形成对品牌的信任。电话跟踪服务的流程如图 4-18 所示。

② 在线服务。

③ 上门维修。

④ 送修。

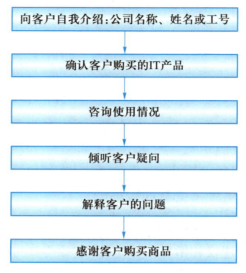

图 4-18　电话跟踪服务的流程

【案例 4-1-4】处理异议后成交

小黄为一家公司推销新型打印纸时，一般客户还没听说过这种商品，虽然该公司商品的质量很好，但消费者用惯了其他品牌的打印纸，谁都没兴趣为买这点小东西而多跑几家厂，货比三家。

小黄最初上门推销时，除了一个客户正巧旧打印纸用完，为了偷点懒不去商店才买下一批以外，其余的客户都摇摇头说："我们不需要。"

小黄从打印机上取下打印纸拿给客户看："您不妨把它跟您用的普通打印纸比较一下。不用多说，您就会相信我们的新型打印纸一定适合您。"客户仔细地比较了一番，非常信服地看着小黄："你们的质量的确一流。"说完后，爽快地向小黄订购了一批为数不少的新型打印纸。

以后几天，小黄满怀信心地来到前些天说不需要的客户那里，也用同样的办法推销，结果客户都纷纷愿意购买新型打印纸。

案例分析

- 初次接触潜在客户，细心揣摩客户的需求，热情介绍并演示产品，巧妙处理顾客异议，可以减轻客户成交的心理压力，保留一定的成交余地，有利于销售人员合理地利用各种成交信号有效地促成交易。

【案例 4-1-5】客户真假异议

请仔细阅读下列两段对话。

对话 1

客户："这款手机多少钱？"

销售员："标价是 3 680 元。"

客户："啊，这么老的样子还要 3 680 元啊，不打折吗？"

销售员："可以打八折，样式都是设计师专门设计的。"

客户："但是好像你们几年前就有这个款式了，那个时候还便宜一些。"

销售员："但是现在功能要多一些。"

客户："可是这个样子我很久以前就见过了。"

销售员："正好今天我们有个团购，如果您今天买的话，我可以和经理申请一下，按团购的六八折价格，这种手机我们卖得真的很好的！"

客户："这样啊，那就定了吧！"

对话 2

客户："这款手机多少钱？"

销售员："标价是 3 680 元。"

客户："这么贵？"

销售员："这款手机功能很全。"

客户："只要实用就行了。"

销售员："那您可以选择我们这款手机，比较实用，价格便宜一些。"

客户："让我仔细看下，帮我介绍一下耳机吧。"

 案例思考

- 你认为以上两段对话中哪个是假异议，哪个是真异议？为什么？

【案例 4-1-6】面对客户投诉的处理

某空调服务中心，来了一位姚女士，怒气冲冲追问总台的服务人员，安装空调的韩师傅哪里去了。服务台小洪忙问有什么事情可以帮忙。姚女士说，韩师傅早上安装的空调质量太差，要求退货。

面对怒气冲冲的姚女士，小洪没有急于询问是什么原因，而是把姚女士请到接待室，端来一杯茶水先安慰对方不要着急，有什么问题一定会得到解决，绝不会不负责任，等等。

面对微笑的服务人员，姚女士不好再怒气凌人。原来早上刚刚安装的空调，中午刚开机不久就停止运转，无论怎么遥控也无法启动，姚女士认为空调质量不好，她要求退货。

面对姚女士的要求，小洪没有强辩，而是与姚女士商量，先派师傅随其前往住处检查一下空调，如果确实是空调质量问题，保证给予调换新的空调或者退货。对于合情合理的安排，姚女士无法表示出不同的意见。

于是，空调师傅立即前往姚女士家，经过检查发现是空调专用的电源开关保险丝容量过小，导致保险丝超过负载而熔断。空调师傅重新换上大容量的保险丝后，空调运转正常。

面对良好服务，姚女士顿感自身行为不妥，不仅向空调师傅致谢，还特意打电话到服务中心向小洪表示歉意。

 案例思考

- 小洪的接待，为何会使姚女士转变态度？

_____

_____

_____

- 要是小洪一开始坚持空调没有质量问题，可能会是一种什么局面？

_____

_____

_____

- 你作为销售人员，在遇到态度粗暴的客户时，应采取哪些应对策略？

_____

_____

_____

活动 4.1.5　技能训练：设计小型 IT 产品门店选址方案

【活动要求】① 以任一 IT 产品作为分析对象，拟开设一个专营小型门店；② 以自己所处城市作为选址范围，确定门店的具体位置；③ 要充分说明选址的理由。

【活动过程】

所选择的 IT 产品：

_____

_____

_____

门店具体位置：

_____

_____

_____

门店选址的理由：

_____

_____

_____

_____

教师点评：

_____

_____

_____

任务 4.2　了解 IT 产品代理销售方式

问题引入

- 你认为代理商与批发商、零售商之间的本质区别是什么？

_____

_____

_____

你知道吗？

有人做了一个关于代理商的调查，发现代理商对于选择合作企业比较注重的因素有以下几个方面：

- 产品质量好、品牌好
- 企业信誉好、规模大、有实力
- 经销政策好
- 偶然机遇 / 感觉
- 私人关系

活动 4.2.1   理解代理商及其特点

相关知识

销售代理商（简称代理商）是从事商品交易业务，接受生产者委托，但不拥有商品所有权的中间商。目前，在 IT 产品销售领域，很多企业以代理销售作为整个销售渠道方式的重要组成部分。

代理商的特点如下。

① 代理商是独立的法人组织，并与委托方有长期、稳定的关系。代理商不等同于厂家的直营销售机构，也不是厂家的子公司或控股公司，他有独立的利益，独立核算。代理商与委托方的关系是长期稳定的，一般在一年以上，有的长达数十年。

② 代理商只拥有销售代理权，而不拥有对代理商品的所有权。

③ 代理商按委托方的意志，在代理权限内行事。委托方的意志一般体现在其赋予代理商的代理权限上。代理权限中规定了代理产品的种类、数量，代理区域的大小，是否有独家销售代理权，产品售价的高低及浮动幅度等；委托方的意志同时体现在代理合同中规定的代理商义务上，例如：独家代理销售时，代理商要达到最低代理额，再例如：代理商负有广告、售后服务、仓储、商情报告、保护委托方的智力财产等义务。代理商只有在代理权限内按委托方的意志行事，完成其负有的义务，代理行为才是有效代理，否则是无效代理。

④ 代理商行为的法律效果应由委托方承担。由于代理商行为体现的是委托方的意志，销售代理产生的权益与义务都通过代理合同转移给委托方。代理商不能占有代理行为产生的权益，从而不能占有销售后的货款；同时也不承担代理行为产生的义务，客户若不能及时收到货品或发生货损与产品质量问题，客户只能要求委托方厂商赔偿损失。

⑤ 代理商的收入是佣金而不是购销差价。这是由销售代理商本身不占有商品所有权的特点决定的。代理商只是一种中间商，其主要功能是提供销售机会，因而只能等商品售出，货款汇回委托方后，才能获得委托方厂商支付的佣金收入，且佣金收入随代理额的浮动而浮动。

商业代理双方的义务：代理商在代理业务中，只是代表委托人招揽客户，招揽订单，签订合同，处理委托人的货物，收受货款等并从中赚取佣金，代理商不必动用自有资金购买商品，不负盈亏。代理双方通过签订代理协议建立起代理关系后，代理商有积极推销商品的义务，并享有收取佣金的权利，同时代理协议一般规定有非竞争条款，即在协议有效期内，代理人不能购买、提供与委托人的商品相竞争的商品或为该商品组织广告；代理人也无权代表协议地区内的其他相竞争的公司。

【案例 4-2-1】IT 领域中的服务商制度

目前，在 IT 行业中经常出现一种类似大型代理的服务商。由服务商来负责完成区域产品的分代理和配送任务。服务商通常不做终端客户的销售，只做分发，分发产品的对象是厂商在当地的代理商。

服务商自身拥有大量闲置资金，可以一次性、大批量地买入厂商的产品，并且拥有大型库房，充当厂商在当地的资金供应商与仓库，既保证了厂商在当地的货品供应，又为终端客户解决了资金、仓储等实际问题；与此同时厂商一般还通过这类公司的货款进行持续生产。

这些服务商从厂商获得的折扣要比普通代理商更高，但是它的单次利润率要远低于代理商，因为它的货是直接出售给代理商，要保证当地代理商在客户端的利润，但是又由于它的资金周转率要远高于中小代理商，所以它的利润也可以得到保证，例如：当地中小代理商一次进货需要 2~3 个月才能销售完，而服务商一次进货只需要 2 周甚至 1 周就可以销售完，然后再次进货。

【案例 4-2-2】A 公司进口红酒市场代理

A 公司在周密的市场调查分析的基础上，选择代理商销售制度，其具体做法如下。

按照互惠互利原则，签订协议建立代理关系，明确代理双方职责。

其代理商的职责有：① A 公司进口红酒品牌的维护与宣传，保证不损害 A 公司进口红酒的商业形象与信誉；② 做好 A 公司进口红酒产品在当地市场的销售渠道建设；③ 协助公司制定针对当地市场的营销活动，并配合实施；④ 当地市场价格的控制与稳定；⑤ 保证当地市场货物的供应；⑥ 当地市场的监督，维护 A 公司进口红酒市场的有序性；⑦ 保守 A 公司进口红酒相关商业秘密；⑧ 满足 A 公司进口红酒消费者的消费需要服务。

而 A 公司的职责有：① 提供 A 公司进口红酒《进口报关单》等相关文件；② 通过广告宣传及活动等，提升酒品的知名度；③ 维护市场秩序；④ 配合乙方（代理经销商）的销售工作；⑤ 保证经销商要货需要，保护经销商的合法利益；⑥ 新产品的开发与各项市场活动的策划；⑦ 根据经销商的申请，提供相关培训服务。

代理返利政策方面，A 公司采取让利代理商的销售运营方式，代理商可享受最优价格制度，根据代理商年进货量，核算返利额度。返利核算时间从签订代理合同之日起满一年（365 天）为一个周期。年进货额低于 1 万元不返利，满一年另行计算返利周期，每个周期进货额不累加。

同时，A 公司还对代理商提出了以下明确要求：① 具有独立法人资格，并能提供营业执照正本、税务登记证、组织代码证等相关文件复印件；② 应具备良好的经营规模、办公条件、设备及人员，有固定的营业场所、良好的资信能力和商业信誉；③ 各代理商之间不得进行恶性竞争，应在所辖管区域内进行业务运作及处理；④ 愿意专心经营 A 公司产品，并对产品、对市场充满信心；⑤ 能够诚信经营并接受 A 公司的经营指导，保持与 A 公司战略决策的一致性；⑥ 全面赞同 A 公司各项制度，并能积极参加 A 公司为各代理商所举办的各种活动；⑦ 必须具有一定的销售网络，有能力在短期内拓展 A 公司产品市场。

案例思考

- 通过本案例的解读，你认为应当怎样去管理好自己的代理商，既保证公司利润，又能维护公司形象？

_____

_____

_____

【案例 4-2-3】一次失败的代理商开发

韩某是某公司的代理商，但在合作过程中发生了很多不愉快。

合作初期，韩某为省钱，用旧家具简单改造后搬到商场做专柜，有损公司形象，影响了厂商关系。

一次，韩某收取加盟商押金后，没有按要求及时上交给公司，影响公司发货，导致该加盟商不得不推迟开业，造成了严重的后果。

又一次，代销货到后，韩某表示资金紧张，希望能少交点押金，公司同意只交纳 50% 货款，并要求韩某把公司的代销政策执行给加盟商，韩某却没给下面的加盟商执行押款代销政策，并且一直拖欠公司货款。

该公司通过法律流程，经过几个月时间，终于把所欠货款收回。

案例思考

● 你从以上代理商开发失败案例中能吸取哪些经验教训？

_____

_____

_____

活动 4.2.2 了解代理商的分类

代理商可以按不同的标准进行分类，以下是几种常见的分类方法。

1. 按代理权是否具有排他性分类

① 总代理商，是指代理权具有排他性，被代理人不得再行指定其他代理商的情形。同时它有权指定分代理商，有权代表厂商处理其他事务。

② 普通代理商，是指代理权不具有排他性，被代理人可以再行指定其他代理商进行代理活动的情形。

③ 独家代理商，是指厂商授予代理商在某一市场（可能以地域、产品、消费者群等区分）独家销售权利，厂商的某种特定商品全部由该代理商代理销售。

以地域划分的独家代理是指该代理商在某地区有独家代理权，这一地区的销售事务由其负责。

有时，由于代理商的销售能力十分强，厂商便不再划分代理区域，而是将全部销售由某代理商独家代理。

按产品划分，设立独家代理商是指某代理商拥有厂商的某种或某几种产品独家代理权的情况。

④ 分代理商则为二级或三级代理商。分代理商也有由原厂家直接指定的，但是大多数分代理商由总代理商选择，再上报厂家批准，分代理商受总代理商的指挥。

运用代理商的厂家大多采取总代理方式。采用总代理制的优点是可以利用代理商拓展市场，缺点是代理层次增多，易造成管理不善。总代理商必须是独家代理商，但是独家代理商不一定是总代理商，独家代理商不一定有指定分代理商的权力。

2. 按代理商是否有权处理法律行为分类

① 媒介代理商是指仅有代理被代理人进行媒介行为之权，无权与第三方订立合同，因

此，一般处理非法律行为的业务。

② 订约代理商是指拥有与第三方订立合同之权，可以处理具有法律行为的业务。

3. 按代理商是受被代理人委托还是受其他代理商委托分类

① 上级代理商，受被代理人委托进行代理业务活动。

② 次级代理商，受上级代理商委托进行代理业务活动。

4. 按代理业务的不同分类

① 商品代理商。它是指从事购买或销售或二者兼备的洽商工作，但不拥有商品所有权的代理商。又可以进一步细分为购货代理商与售货代理商。前者指受被代理人委托以购买货物为业务内容的代理商；后者指受被代理人委托以销售货物为业务内容的代理商。

② 运送代理商。它是指受被代理人的委托招揽货物或客人，并为被代理人运送货物或客人的代理商。又可以进一步细分为陆上运送代理商、海上运送代理商及航空运送代理商。在国际贸易中，主要是海上运送代理商，也称为船务代理商。

③ 输出代理商。它是指受本国商业主体委托，以该商业主体名义向海外出售商品的代理商。

④ 输入代理商。它是指受国外商业主体委托，以该商业主体名义在输入国从事商品售卖业务的代理商。输入代理商在国际贸易中非常普遍，往往是出口商打开国外市场进行促销而经常借助的一条有效渠道。

⑤ 广告代理商。它是指受被代理人委托并以被代理人名义为其策划、制作及安排广告业务的代理商。

⑥ 投标代理商。它是指代理厂家参加国内外招标业务的代理商，这种代理商在发展中国家数量较多。

⑦ 保险代理商。它是指受保险人的委托通过订立保险合同代理业务的代理商。这种代理商在发达国家数量较多。

⑧ 旅行代理商。它是指以旅客名义为旅客办理一切旅行手续的代理商。如各种旅行社，代旅客办理订旅馆、机票、车票等旅行必需的事项。

【案例 4-2-4】独家代理能真正做到"独家"吗？

某国一家出口商 A 与本地某家进出口代理公司 D 签订协议经销一种手机，要求作为销售该手机的独家代理，D 公司欣然同意，并与出口商 A 签订了独家代理协议。后来，当出口商 B 也委托 D 公司生产并供应该种手机时，该进出口代理公司又与出口商 B 签订了该手机的独家代理协议，于是形成了一种商品在当地有两家"独家代理"的情况。

该进出口公司违反了独家代理有关规定，构成了违约。因为在独家代理协议中，一般有商品销售地区、专营权、期限和佣金等条款，其中最重要的是专营权条款，除非另有约定，在规定地区和特定期限内不得同时指定两家独家代理商。

案例思考

• 你认为在代理商领域出现类似这样违反常规甚至违反法律行为的主要原因是什么?

【案例 4-2-5】同区域多家代理商的难题

张总是某品牌 A 主板西南大区的总经理,这段时间,四川市场的停滞不前使张总面临很大的压力,因为四川市场规模很大,A 主板每月 2 300 片的销量不正常。

其实问题的关键张总也很清楚:本地有三家分销商,按能力三家公司销量都能翻一番,但由于互相之间不信任,都想自家独大,三家公司的业务员也明争暗斗,造成产品价格混乱,三家分销商基本上没有利润。

甲公司老板表示:做生意都想赚钱,投入大风险大赚大钱,投入少风险小赚小钱,我们加大投入也没有钱赚,我们为什么做呢?乙公司老板表示:我们往往前半个月就能出 500 片左右,如果能挣钱,一个月做 1 000 片没有问题,但做 A 产品不挣钱,我们公司还要生存,所以我只好做利润好的 B 主板。丙公司老板表示:价格混乱不是我们造成的,完成不了任务我们的优惠都没有,我们也不愿意这样。所以三家公司都在观望,维持现有销量,张总知道自己如果不采取措施,自己产品的份额不仅无法提高,而且还可能被竞争对手抢夺。

三家分销商的第一选择是独家代理,这样市场秩序好控制,而且利润也有保证;第二选择是厂商把市场秩序维护好,自己保持目前的投入或稍微增加一些投入,使自己的销量有所上升,而利润合理;第三选择是保持目前的状态,虽然不挣钱,但等待厂商政策调整,寻求新机会;最差的选择就是退出。而张总很清楚,如果一家来做,公司的目标是 4 000 片 / 月,三家中任何一家的资金、资源都无法承受。

案例思考

• 请你试着帮张总解决这一难题。

【案例 4-2-6】思路不清、品牌杂乱给代理商带来困扰

李总从业近十年，仅送货车就有二十几辆，曾经是当地最大的某品牌代理商，是厂家必争的经销商。用李总的话说，"当时每天接待厂方代表都忙不过来"。有的厂家为了进入该地市场，不惜给李总非常优厚的支持。李总认为，现成的网络，多一个产品总会多一份利润，况且厂家的支持这么大，市场做不起来也没有任何风险。于是，经营的产品越来越多，精力也越来越分散，服务质量下降，不温不火的新产品挫伤了业务员和分销渠道的积极性。并且，由于代理了竞争性品牌，原本紧密合作的厂家开始减小对李总的支持力度，导致主力产品销量下滑。最终，随着一些新型经销商的崛起，强势品牌的厂家纷纷转移目标。因此，李总渐渐仅剩一些小品牌的代理权，而畅销品牌只有从别的总经销商手里拿货了。

案例分析

- 经营思路不清晰，对所经营的品牌和合作的企业没有清晰的营销规划，不看市场，只看厂家的支持，产品线求大求全，却没有集中精力经营主力产品，是导致传统型经销商走向没落的一个重要原因。很多发展迅速的新型经销商都是依托一两支主力产品，且产品之间有较强的互补性。而生意平平的传统型经销商，往往是产品应有尽有，杂乱无章。

活动 4.2.3　了解如何选择与评估代理商

相关知识

目前，在代理界存在很多不规范、不合理的现象。比如有的代理商不仅要拿企业委托代理费，还要通过差价来销售产品，从中得到销售利润，达到两边都拿，危害了企业利益。还有一些代理商超越自己的代理权限擅自完成某些代理事宜，不同程度地危害到了企业利益。正如前面案例中提到的违反规定现象大有存在。所以，企业在选择代理商时一定要慎重，要权衡利弊，认真考察，择优聘用。

一般来讲，选择代理商要从以下几个方面全面评估。

① 代理商资格审查：包括注册资金、经营范围、企业资质等。

② 实力考察：包括库房情况、办公环境、运输能力、知名度、销售网络、财务状况、信用度等。

③ 营销意识：包括考察代理商对自己经营情况的熟悉度、对当地市场情况及消费者特点的熟悉度、对终端促销资源的态度和对下线客户的服务程度等。

④ 市场能力：考察和评估代理的市场拓展能力，了解其市场覆盖率，是否拥有强大的客户网络，客户关系是否融洽。

⑤ 管理能力：全面评估代理对人、车、货、钱的管理水平，也就是考察代理能否处理好人流、物流、信息流、资金流。

⑥ 口碑：通过合伙人（具体发生业务交接的人）、同行、同业（其他厂的业务员），了解代理商的信用度和口碑，也调查清楚因何与前合作厂商停止合作等相关情况。

⑦ 合作意愿是否强烈：通过谈判观察代理的合作态度，判断出代理是否主动、有无合作诚意，是否在细节上寸土不让。

【案例 4-2-7】某计算机生产企业的代理商评估制度

某计算机生产企业通过市场分析和内部协商后决定，由代理商完成各地区重要的零售业务。该企业制定了严格的代理商评估制度，将根据代理商的计划完成度、合作性、市场拓展等关键性评估要素对其进行评估和考核。考核结束，本着"优胜劣汰"的原则对代理商进行合理布局和调整，以实现互利互惠、共同快速发展的目的。

具体来说，可根据以下 8 个标准来判定。

① 在国家工商税务机关注册的合法公司，注册经营范围要包括所要代理的产品；

② 资金实力：拥有的资金规模，了解其整体实力；

③ 目标客户：固定的目标客户群的多少；

④ 营销和技术力量：受过培训和认证的营销和技术人员数量；

⑤ 付款信用：付款诚信度；

⑥ 公司形象：其公司的媒体形象宣传；

⑦ 员工素质：营销及技术人员素质；

⑧ 管理经验：主要以代理商经理层及业务人员的管理水平和公司的管理模式为评定标准。

 案例思考

· 本案例中企业对代理商的评估指标很多，该如何去获取代理商的这些信息？

活动 4.2.4　技能训练：为某一 IT 产品选择代理商

【活动要求】① 选择任一 IT 产品作为载体完成此次实训任务；② 根据该产品特点及目前市场销售状况，确定采用何种代理商（如独家代理商、综合代理商、企业代理商、销售代理商、区域代理商等），并说明选择的理由；③ 分析如何全面考察代理商的综合能力，做到择优选择代理商。

【活动过程】

你选择的 IT 产品是：

你选择何种代理商？选择理由是什么？

你如何考察代理商？

教师点评：

任务 4.3　了解 IT 产品特许经营方式

问题引入

● 如果给你 5 000 元现金，让你全权负责买回一台笔记本电脑，你将如何去做？

你知道吗?

现代特许经营起源于 1851 年，20 世纪初特许经营才变得较为普遍。随着国内市场的进一步发展，中国在不同行业都有了很多发展较好的特许经营企业。

活动 4.3.1　了解特许经营方式及其特点

目前在我国 IT 产品领域还很少运用特许经营的销售渠道模式，联想、清华同方等企业曾运用过类似特许经营的销售模式，后来由于种种原因，未能全面发展和进一步推广。但从国外 IT 产品行业销售渠道发展趋势来看，IT 行业也将逐渐推广特许经营模式。

国际特许经营协会对特许经营的解释：特许经营是特许人与受许人之间的一种契约关系。根据契约，特许人向受许人提供一种独特的商业经营特许权，并给予人员训练、组织结构、经营管理、产品采购等方面的指导与帮助，受许人向特许人支付相应的费用。

也就是说，商业特许经营行为是指拥有注册商标、企业标志、专利、专有技术等经营资源的企业（以下称特许人），以合同形式将其拥有的经营资源许可其他经营者（以下称被特许人）使用，被特许人按照合同约定在统一的经营模式下开展经营，并向特许人支付特许经营费用的经营活动。

特许经营是连锁经营的形式之一。

商业特许经营的核心是知识产权的授予使用、特许人具备成熟的经营模式和持续指导能力、被特许人在统一模式下经营并向特许人交纳费用。

【案例 4-3-1】特许经营在联想 1+1 专卖店中的实践

1998 年，联想创造了一种具有联想特色的特许专卖模式——联想 1+1 专卖店。联想 1+1 专卖店商业模式是：把联想 1+1 的商标授予加盟方，与其共享联想商誉。同时以特许经营合同为纽带，向加盟方传授经营管理经验。建立一条专门针对家庭和个人客户、提供电子产品和服务的零售连锁体系。

联想 1+1 特许专卖店是充分分析顾客需求和细分市场的结果。它面向个人和家庭顾客，满足他们对联想电子产品的购买需求，旨在建成一条精品渠道。联想 1+1 专卖店体系以"规范、专业、亲和"为单店特色，而体系遵从"六个统一"。

① 统一的产品和价格：专卖店销售指定的联想电子产品及解决方案，顾客不仅可以得到联想 1+1 家用计算机全线产品，还可以方便地购买到笔记本电脑、软件、外设和手持产品。同时专卖店采用统一的销售价格，避免了专卖店之间恶性的价格竞争。

② 统一的理念：经营理念是将各个特许专卖店相互联结在一起的内在链条。对外，联想 1+1 特许专卖店的服务理念是"专业、规范、亲和"；内部倡导团队合作精神。

③ 统一的布局：依据各城市的计算机购买力，合理规划，保证专卖店体系的合理覆盖，满足顾客购买的便利性需要，同时避免渠道冲突。

④ 统一的形象：统一 CI 管理树立渠道形象。

⑤ 统一的管理：联想成立了专门部门负责所有专卖店的接口和管理工作。通过统一的网络化信息管理系统，管理各地专卖店的进销存和日常运营；撰写了十几本《管理手册》和《开业手册》等管理规定，对专卖店进行统一的资格认证、人员管理、营运政策、培训计划、推广计划、奖惩等，使各项管理制度标准化、流程化，保障落实。

⑥ 统一的服务：所有专卖店岗位遵循统一的服务规范流程运作，执行统一的服务项目及服务政策。

"六个统一"涵盖了特许经营模式 CIS 系统的一致性、产品服务组合的一致性、经营管理方式的一致性和经营理念的一致性四个特征，清晰地描述了联想 1+1 特许专卖店体系发展的方向。

【案例 4-3-2】快餐的特许经营

某快餐特许经营企业目前在世界上 100 多个国家和地区设有 70 000 多家分店。该公司平均每 15 小时开设一家新餐厅，公司海外的销售额多年来保持每年以两位数递增。这个奇迹靠的是特许经营。

该公司有严格的特许经营制度，并对其分店进行统一管理。

① 分店的建立：每开一家分店，总部都自选派员选择地址，组织安排店铺建筑、设备安装和内外装潢。

② 特许费：受许人一旦与公司签订合同，必须先付首期特许费 2.25 万美元，其中一半

现金支付，另一半以后上交。此后，每年交一笔特许权使用年金和房产租金。前者为年销售额的 3%，后者为 8.5%。

③ 合同契约：特许合同的期限为 20 年，公司对受许人负有以下责任，在公司的汉堡包大学培训员工，负责对分店的管理咨询、广告宣传、公共关系和财务咨询；提供人员培训所需的各种资料、教具和设备；向特许分店供货时提供优惠。

④ 货物分销：该公司不是直接向特许店提供餐具、食品原料，而是与专业供应商签订合同，再由它们向各个分店直接送货。

 案例思考

- 从以上两则案例，你能总结出特许经营模式的主要特点吗？

_____

_____

_____

活动 4.3.2 　熟悉特许经营基本形式

 **相关知识**

特许经营的种类按不同的划分方法，可以归纳为以下几点。

1. 按所需资金投入划分

按所需资金投入可分为工作型特许经营、业务型特许经营和投资型特许经营。工作型特许经营只要加盟者投入少量资金，有时甚至不需要营业场所。业务型特许经营一般需要购置商品、设备和营业场所，如冲印照片、洗衣、快餐外卖等，所以需要较多的资金。投资型特许经营需要更多的资金投资，如饭店等。

2. 按交易形式划分

按交易形式划分，可分为 4 种。

① 制造商对批发商的特许经营，如可口可乐授权有关瓶装商（批发商）购买浓缩液，然后充二氧化碳装瓶再分销给零售商；

② 制造商对零售商的特许经营，如石油公司特许加油站；

③ 批发商对零售商的特许经营，如医药批发商特许医药零售店；

④ 零售商之间的特许经营，如连锁集团利用这一形式招募特许店，扩大经营规模。

3. 按加盟者性质划分

按加盟者性质划分，可分为区域特许经营、单一特许经营和复合特许经营。区域特许经营是指加盟者获得一定区域的独占特许权，在该区域内可以独自经营，也可以再授权次加盟商。单一特许经营是指加盟商全身心地投入特许业务，不再从事其他业务。复合特许经营是指特许经营权被拥有多家加盟店的公司所购买，但该公司本身并不介入加盟店的日常经营。

4. 按加盟业务划分

按加盟业务划分，可分为转换型特许经营和分支型特许经营。前者是加盟者将现有的业务转换成特许经营业务，特许商往往利用这种方式进入黄金地段。后者则是加盟商通过传统形式来增加分支店，当然需要花费更多的资金。

5. 其他划分方法

在国际上还有一种比较常见的划分方法，即分为产品特许经营和经营模式特许经营。前者是特许商提供产品给加盟商，如汽车零售和加油站。而后者是由特许商提供一种经营模式，产品通常来自第三者，比如一些餐饮品牌。

【案例 4-3-3】"不从零开始"的特许经营模式

某快餐品牌采取"不从零开始"的特许经营模式。"不从零开始"的特许经营，就是将一家成熟的餐厅整体转让给通过资格评估的加盟申请人，同时授权其使用其品牌继续经营。即加盟商是接手一家已在营业的餐厅，而不是开设新餐厅，加盟商无须从零开始筹建，避免了自行选址、筹备开店、招募及训练新员工的大量繁复的工作。选址往往是事业成功的关键，接手一家成熟的餐厅，加盟商的风险会大大降低，提高成功的机会。

根据公司加盟发展规划，公司从现有的餐厅挑选适合的备选加盟店。针对通过了资格评估的加盟申请人，公司会在备选加盟店范围内推荐餐厅供其评估。加盟申请人不可指定某一家餐厅或者某一个城市进行加盟。

 案例思考

- 你认为这种"不从零开始"的特许经营模式的优点在哪里？

活动 4.3.3　理解特许经营营利模式

 **相关知识**

特许经营企业营利模式一般包括加盟费、使用费和保证金三种。

加盟费是特许商将特许经营权授予加盟商时所收取的一次性费用。有的特许商将培训费包括在其中，有的特许商另外收取培训费。

使用费是加盟商在使用特许经营权过程中按一定的标准或比例向特许商定期支付的费用。它通常是根据加盟店的月或年营业额来计算，一般在 5% 以下，每月或每年支付一次。作为交换，特许商除了授权加盟商使用其品牌和经营模式，还应持续提供帮助和服务。

保证金是特许商为确保加盟商履行特许经营合同，要求加盟商交付的一定费用。合同到期后，特许商必须将此款归还给加盟商。特许经营合同通常都有一定的年限，一般为 10 年。10 年以后，除非特许商同意续约，否则加盟商无权继续经营此加盟店。

特许商和加盟商是相互依赖的关系——和则两利，斗则俱伤。产生纠纷后，应协商解决。若协商不成，则可由仲裁机关仲裁。

【案例 4-3-4】某便利店特许经营方式

某国际知名便利店组织自 1992 年起，就开始以自营的方式开展业务，并以出售区域特许权的方式在中国开展特许业务。

该公司便利店的店铺营业面积按总部统一规定，基本上为 100 m² 左右，商店的商品构成为：食品 75%，杂志日用品 25%，经营品种达 300 种，都是比较畅销的商品。另外，总部每月要向分店推荐 80 个新品种，使经营的品种经常更换，能给顾客以新鲜感，商店内部的陈列布局由总部统一规定设计。商店的建设管理遵循四项原则：① 必须商品齐全；② 实行限度管理；③ 店内保持清洁明快；④ 亲切周到的服务。这四项原则即是该公司成功的秘诀。

该公司便利店的特许制度包括以下内容：

（1）培训受许人及其员工

公司为了使受许人适应最初的经营，消除他们的不安和疑虑，在新的特许分店开业之前，对受许人实行课堂训练和商店训练，使其掌握 POS 系统的使用方法、接待顾客的技巧、商店的经营技术等。另外，总部还应店主的要求，为提高员工的业务经营能力，围绕商店营运和商品管理接待顾客等内容，集中进行短期的基础训练。

（2）合理进行利润分配

毛利分配的原则是：总部将毛利额的 57% 分给 24 小时营业分店（16 小时营业的为 35%），其余为总部所得。商店开业 5 年后，根据经营的实际情况，还可以按成绩增加

1%～3%，对分店实行奖励。

如果毛利率达不到预定计划，分支店可以保证得到最低限度的毛利额，保证其收入。

（3）给予多项指导

总部对分支店进行开业前的市场调查工作，并从经营技巧培训、人才的招募与选拔、设备采购、配货等方面对分支店给予支持。总部还指导分支店的日常经营财会事务等工作，并负责向分店提供各种现代化的信息设备及材料。

 案例思考

● 通过上述案例，请你简单描述加盟特许经营店的一般流程是怎样的。

_____

_____

_____

活动 4.3.4　技能训练：分析 IT 产品的最佳销售渠道

【活动要求】① 任选一个 IT 产品为例，分析该 IT 产品的最佳销售渠道；② 请举例说明，除了本任务所提到几种销售渠道模式外，还有没有其他可行的销售方式。

【活动过程】

你选择的 IT 产品是：

_____

_____

_____

你认为该 IT 产品的最佳营销渠道是：

_____

_____

_____

还有其他可行的销售方式吗？

_____

_____

_____

你的分析理由是：

教师点评：

任务 4.4　了解 IT 产品电子商务营销方式

 问题引入

- 你是否有过网购的经历？一般在哪家网站上购物？

 你知道吗?

近年来，中国电子商务的发展可以用如火如荼来形容。2021 年中国网络零售额达到 13.1 万亿元。网络零售市场保持稳步增长，成为稳增长、保就业、促消费的重要力量。

自 2013 年起，我国连续 9 年成为全球最大的网络零售市场。截至 2021 年 6 月，我国网络购物用户规模达到 8.12 亿人。

活动 4.4.1　理解电子商务基本运作模式

 **相关知识**

1. 电子商务的定义

电子商务是在因特网开放的网络环境下，基于浏览器 / 服务器应用方式，实现消费者的网上购物、商户之间的网上交易和在线电子支付的一种新型商业运营模式。

从商业活动角度分析，电子商务可以在多个环节实现，因此电子商务也有狭义和广义之分。

狭义的电子商务也称为电子交易，主要是指网络销售，其主要功能包括网络广告、订货、付款、客户服务和货物传递等售前、售后的服务以及电子商情、电子合同等。

广义的电子商务是指利用计算机或网络技术进行的各类商务活动。

对于 IT 产品销售行业而言，电子商务就是从售前服务到售后服务的各个环节全部实施电子化、自动化、网络化的商务活动。在网络营销活动中，通过营销网站为客户提供丰富的商品信息、介绍产品知识、解决客户疑问、提供良好的交易平台、便捷且安全的结算方式、快捷的物流配送，并能利用企业网站受理客户投诉、提供各种咨询服务和传输技术资料等。

2. 电子商务的组成要素

电子商务的基本组成要素有网络、用户、认证中心、配送中心、网上银行、商家等，如图 4-19 所示。

① 网络：网络包括 Internet（因特网）、Intranet（内联网）、Extranet（外联网）。

② 用户：用户分为个人用户和企业用户。个人用户使用浏览器、电话等接入因特网。企业用户建立企业内联网、外联网和企业管理信息系统，对人、财、物、供、销、存进行科学管理。企业利用 Web 站点发布产品信息、接受订单等。如要在网上进行销售等商务活动，还要借助于电子报关、电子报税、电子支付系统与海关、税务局、银行进行有关业务处理。

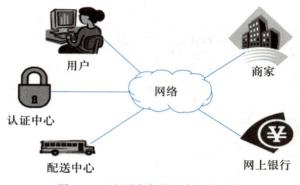

图 4-19　电子商务的基本组成要素

③ 认证中心（CA）：认证中心是受法律承认的权威机构，负责发放和管理电子证书，使网上交易的各方能互相确认身份。

④ 配送中心：配送中心接受商家的送货要求，组织运送商品，跟踪商品的流向，将商品送到消费者手中。

⑤ 网上银行：网上银行在因特网上实现传统银行的业务，为用户提供 24 小时实时服务。

⑥ 商家：完全实现网络信息化的有店铺或无店铺的商业组织或个人。

3. 电子商务主要功能

电子商务可提供网上交易和管理等全过程的服务，因此它具有广告宣传、咨询洽谈、网上订购、网上支付、电子账户、服务传递、意见征询、交易管理等各项功能。

4. 电子商务分类

电子商务可以按不同标准进行分类。

（1）按商业活动运作方式分类

① 完全电子商务：可以完全通过电子商务方式实现和完成全部交易过程的交易。

② 不完全电子商务：无法完全依靠电子商务方式实现和完成全部交易过程的交易。

（2）按电子商务应用服务的交易对象分类

① 企业与消费者之间的电子商务（B2C）：这是消费者利用因特网直接参与经济活动的形式，类同于商业电子化的零售商务。

② 企业与企业之间的电子商务（B2B）：B2B 是电子商务应用最重要和最受企业重视的形式。

③ 企业与政府之间的电子商务（B2G）：这种商务活动覆盖企业与政府组织间的各项事务。

④ 公民与政府之间的电子商务（C2G）：政府将会把电子商务扩展到福利费发放和自我估税及个人税收的征收方面。

（3）按开展电子交易的地域范围分类

① 本地电子商务：通常是指利用本城市内或本地区内的信息网络实现的电子商务活动，电子交易的地域范围较小。

② 远程国内电子商务：是指在本国范围内进行的网上电子交易活动，其交易的地域范围较大，对软硬件和技术要求较高。

③ 全球电子商务：是指在全世界范围内进行的电子交易活动，参加电子交易各方通过网络进行贸易。

（4）按电子商务应用服务的领域范围分类

① EDI 网络电子商务：EDI 是按照一个公认的标准和协议，将商务活动中涉及的文件标准化和格式化，通过计算机网络，在贸易伙伴的计算机网络系统之间进行数据交换和自动处理。

② 因特网电子商务：因特网电子商务是国际现代商业的最新形式，也是目前电子商务的主要形式。

③ 内联网电子商务：是指在一个大型企业的内部或一个行业内开展的电子商务活动，形成一个商务活动链，可以大幅提高工作效率和降低业务成本。

【案例 4-4-1】某网站测评与评估

某企业集团的门户网络已经建立了近一年，该网站有相对稳定的用户群，也陆续建立了一些数据库，网站的网页也有一定的特色，但该网站的经济效益一般，还略有亏损。最近，某风险投资基金计划对该网站投入一笔数额较大的风险投资，按照投资计划，在资金投入前要对该网站的各项性能指标和品质进行测试和评估。

案例思考

- 如果由你对该网站进行测试和评估，请写出要进行的工作内容。

_____

_____

_____

活动 4.4.2　 浏览常见电子商务网站

相关知识

常见的电子商务网站可分为第三方电子商务平台和企业自建的电子商务网站。

1. 第三方电子商务平台

主营 IT 产品的第三方电子商务平台有：京东（图 4-20）、中关村在线（图 4-21）、太平洋数码广场（图 4-22）等。

2. 企业自建的电子商务网站

除了在第三方电子商务平台上销售产品之外，IT 厂商一般都建有自己的电子商务网站。

图 4-20　 京东

图 4-21　中关村在线

图 4-22　太平洋数码广场

如图 4-23 所示为联想公司的电子商务网站。

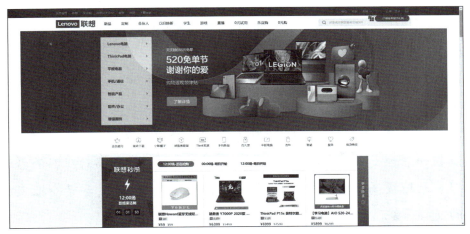

图 4-23　联想官方网上商城

如图 4-24 所示为华为公司的电子商务网站。

图 4-24 华为商城

如图 4-25 所示为小米公司的官方网站。

图 4-25 小米商城

【案例 4-4-2】联想公司的电子商务系统

电子商务的前期工作是软件基础建设。联想首先建设企业核心的业务管理应用系统和电子商务网站。为了整顿内部管理，提高工作效率，联想开始考虑实施 ERP（企业资源计划），ERP 将企业内部原材料采购、生产计划、制造、订单处理与交付等环节有机地联系在一起，使企业对供货流程的管理更加科学、规范、高效；同时由于它能够对库存的数量和金额进行实时监控，能够有效地提高决策支持以及财务核算的效率，因此，它是企业实施电子商务最基础、最核心的支撑系统。

通过 ERP 系统的实施，联想在企业信息的功能和结构方面制订了统一的业务标准，建立了统一的信息平台，并利用这个平台，对整个公司的信息流进行统一的规划和建设。公司的财务管理、销售管理、库存管理等多个环节被集成在一个信息系统里，减少了数据冗余，并且信息流动更加有序和安全。由于系统高度集成，用户订单、库存、采购等业务流程中的数据能够实时更新，并能在用户之间集成和共享，同时又降低了运作成本，提高了盈利水平和工作效率。例如，财务结账日由原来的 20 天降低到 1 天，仅财务结算项目成本就减少了9 成。

在加强内部信息化建设、实施 ERP 的同时，联想也没有忽视自身品牌的宣传和企业形象的树立。为了及时向外发布企业信息，让越来越多的人了解企业，联想还建立了外部网站。外部网站既是企业对外进行品牌宣传、信息和产品发布的窗口，也是企业进行电子商务、电子服务的必需工具。联想的外部网站不仅仅是一本电子版的杂志，而且用户访问请求响应速度快，页面设置合理，内容丰富多彩，不仅吸引了大量用户，而且还大大提高了品牌的知名度，及时地树立了企业的电子商务形象。

至此，联想的电子商务已经具备了基本框架，有网络硬件和信息环境作基础，有 ERP完善企业内部管理以及电子商务网站做宣传。接下来，联想开始了电子商务 3 个核心部分的设计，即 CRM、SCM 以及 PDM 这 3 个直接增值环节。

① 客户关系管理（CRM）是通过构筑客户信息数据库，建立企业与每个客户之间的关系。客户的每一次访问（不论是 Web、电话还是现场访问）都被记录下来，用以分析其使用需求和访问习惯，以便于个性化地定制产品和网页；企业不同部门的人对用户的拜访也会记录下来，用以了解用户全面的需求和心理；客户的咨询服务只要拨同一个电话就会自动转接到相关人员那里，而且此人能够立即获取已购设备的用户以前的服务和维修的记录，便于向客户解答；也可以主动了解客户对企业的需求和对产品的满意度，并有针对性地提供他所需要的相关产品，从而大大提高企业的效率和客户满意度。

② 供应链管理（SCM）是在 ERP 基础上通过构筑和前端客户以及后端供应商的互动系统，来实现产品供应的通畅、合理、高效，既满足供应，又不保留大量库存进而积压，保持供应的高弹性。比如联想的第三代电子商务系统，将企业和代理商紧密地联系在一起。代理商可以通过 Web 了解到当前各产品的供货周期、订单的执行情况、资金状况，而联想则可以即时了解各代理商每个产品的库存情况、销售情况，通过统计分析做出新的市场决策，大大提高了决策的准确性和时效性。

③ 产品研发管理（PDM）是通过构筑产品信息数据库，建立一个统一的产品研发系统平台。在这个平台上，所有参与设计的人员通过浏览器就可以共享所有的设计文档与信息，通过浏览器就可以共同完成某种产品的开发设计工作。这样，联想的用户和合作伙伴，都可以跨越时空的限制，参与到联想产品研发设计的各个环节中来，使产品从一开始设计就充分体现用户的需求，这样生产出来的产品才能够真正让用户满意。同时，产品的设计信息将直

接进入生产制造系统，与供应链上的采购、生产、销售、商务等各个环节自动连接起来，从而简化工作流程，大大缩短了新产品从创意到上市的时间周期。

　　联想的电子商务系统使产品的设计和市场的需要趋于一致，并缩短了企业和客户之间的距离，真正实现了电子商务更充实的内涵。

案例思考

- 你认为建立企业电子商务网站需要具备哪些前提条件？

_____

_____

_____

活动 4.4.3　技能训练：完成一次小额款项的网购

　　【活动要求】① 任选一家网上商城进行会员注册；② 挑选某一小额款项的商品，完成网上购物全过程；③ 全面总结网购业务流程。

　　【活动过程】

　　网购流程：

_____

_____

_____

　　此次网购过程中的经验教训：

_____

_____

_____

　　教师点评：

_____

_____

_____

項目 **5**

IT 产品促销技巧

促销是促进销售的简称，其含义为：向目标顾客传递商品或劳务的存在及性能、特征等信息，帮助消费者认识商品或劳务所带给他们的利益，从而引起他们的购买兴趣，激发他们的购买欲望及购买行为的活动。促销的实质是企业与购买者之间的信息沟通。

IT 产品促销方式可以分为人员推销和非人员推销两大类。其中人员推销就是指通过推销员、售货员和销售服务人员促销，而非人员推销包括广告宣传、营业推广和公共关系 3 种方式。这些促销方式的综合运用就称为促销组合策略，如图 5-1 所示。

图 5-1　促销方式分类图

任务 5.1　了解 IT 产品销售中的广告宣传策略

问题引入

- 请描述你最喜欢的广告。

_____

_____

_____

你知道吗?

东北某医药集团下属的一家药厂,推出某药品时没有任何药品广告,当年销售亏损严重。后来,该厂试着投入 1 000 万元做广告,结果一举扭亏为盈,销售猛增至 1 亿元。第二年,尝到甜头的药厂将广告投入翻了一番,达到 2 000 万元,销售额也跟着增了一倍多,上升至 2.2 亿元。到了第三年,药厂干脆拿出 2 亿元做广告,结果销售额一下子翻了两番,上升至 8.6 亿元。

活动 5.1.1 了解广告的含义及其作用

相关知识

广告的基本功能是传递信息,它既可以用来树立企业和产品形象,又可用来刺激销售,是一种被广泛运用的促销方式。成功的广告可使默默无闻的企业和产品名声大噪,家喻户晓,广为传播;各个企业可根据自身特点扬长避短,灵活运用广告策略。广告是企业进入市场的入场券。再好的商品,如果消费者不了解,那么它应有的价值和社会效益也无法实现。

广告是法人、公民和其他经济组织为推销商品、服务或观念,通过各种媒介和形式向公众发布的有关信息。

广告通过信息传播,对沟通生产者与顾客之间的联系有着重要的作用。具体来说,有以下几个方面。

① 有利于促进市场信息的传播,促进商品销售。

② 有利于激发竞争活力,推动企业发展。

③ 有利于引导、刺激消费,创造需求。

④ 有利于促进传播媒体的发展,有利于美化市容环境,丰富文化生活。

【案例 5-1-1】创新联想,赋能科技奥运

2022 年 2 月 20 日晚,第 24 届冬季奥林匹克运动会在北京圆满落幕。在本届盛会中,联想的智慧方案和设备支持以及全程"零故障"的 IT 运维支持,为赛事成功举办和运动员在赛场上表现提供了强大的技术保障。

为了实现精确到分钟级和百米级的气象预报,联想为北京气象局搭建了 800 台高性能计算系统,利用世界先进温水水冷技术,满足了 7×24 小时无休的天气、气候及环境气象业务应用需求。除了提供高精尖的设备,联想还派出 430 余位工程师,保证了 13 900 台设备在横跨北京赛区、延庆赛区、张家口赛区等 40 个场馆的安装、调试、检测以及使用后移除等

相关工作。

其实，联想贯彻"以奥运为主线，以特定赛事为补充"的方针，曾经服务过 2006 年都灵奥运会、2008 年北京奥运会、2010 年上海世博会，通过整合传播，力求在相当长的时间内保持全球受众对联想的注意力持续、平滑地上升，从而推动联想品牌的稳步发展。

此外，联想作为中国短道速滑队的官方赞助商，全程助力冰上健儿在 2022 年北京冬奥会取得佳绩，以智慧体育助力国家赛事，并在央视黄金时间段投放广告，使产品和品牌形象得到了大范围的推广。借助与中国短道速滑队的深度合作，联想不仅能进一步深化其作为中国品牌的自豪感，更能通过与运动员的敢拼精神深度绑定，更坚定地帮助品牌迈向国际化，为品牌带来持续的正向价值。

案例思考

● 你从本案例受到什么启发？这个案例体现广告的哪些作用？

_____

_____

_____

活动 5.1.2　熟悉广告的种类及其特点

广告可以分为两大类：非商业广告和商业广告。

（1）非商业广告

非商业广告包括以下 3 类。

① 政治广告：是指为政治活动服务的广告。

② 公益广告：也称公共广告，它是维护社会公德、宣传公益事业的广告。它有两个基本特点，其一是不以营利为目的，其二是为社会共同利益服务。企业常常通过公益广告树立自己的形象。

③ 个人广告：是指为个人的利益或目的运用媒体发布的广告，如声明、寻人启事、征婚启事等。

（2）商业广告

商业广告是通常所说的狭义广告，它是以盈利为目的的信息传播形式。商业广告的目的、性质、范围、内容、方式的多样性，导致了广告的种类繁多。下面主要以诉求的对象、诉求的区域、诉求的内容和目的3个标准来划分商业广告。

① 按诉求的对象来划分，可分为消费者广告、工业用户广告、商业批发广告等。

② 按诉求的区域来划分，可分为全国性广告、区域性广告、地方性广告等。

③ 按诉求的内容和目的来划分，可分为商品广告、企业广告、观念性广告等。

广告还可以按诉求方式不同分为情感诉求型广告和理性诉求型广告两大类。其中情感诉求型广告包括：温情型、幽默型、故事型、戏剧型、恐惧型、悬念型、夸张型、气氛型、名人型等；理性诉求型广告包括：比较型、说明型、新闻型、比喻型、坦言型等。

【案例5-1-2】关爱癌症儿童公益广告

有这样一则关于关爱癌症儿童的公益广告。影片简短，内容简单，却意义深刻。

本片主角是一个稚嫩的小孩。开篇是这小女孩笨拙地扯头发，瞬间让观众有一种爱怜的感觉。作者抓住儿童这一主题达到了他最基本的目的——吸引观众。

开始，女孩笨拙地扯着她的头发，到后来孩子拿出剪刀一点一点剪掉自己的头发。孩子为了达到她心中的目的，学会了劳动——剪头发。观众难免产生疑问：她为什么要剪头发呢？

正当观众疑惑不解时，有人开门进来，其中有一个光着头的男孩，他是小女孩的哥哥。大家这才恍然大悟。原来小女孩有一个得了癌症、被剃光头的哥哥，为了不想让他感觉到自己和别人不一样，小女孩也想给自己剃个光头。一个稚嫩的小孩尚且如此，那么大人呢？作者将关爱癌症儿童的主旨寄托在这个小孩的身上，表现了人类最纯真的真善美。这正是作为社会主体的人最本质的美——内在美。

 案例思考

• 作为学生，我们要奉献自己的爱心，弘扬崇德向善的美德，响应公益宣传。你认为公益广告与商业广告的主要区别是什么？这则公益广告的成功之处在哪里？

活动5.1.3　理解IT产品广告媒体

 **相关知识**

广告的媒体有很多种。而且随着科学技术的发展，广告媒体也在不断增多。目前，商业

性广告媒体大体分为以下几种类型。

① 视听媒体：如电视、电影、广播、网络、手机等。

② 印刷媒体：如报纸、期刊、宣传册等印刷品。

③ 户外媒体：如街头、建筑物、车站、码头、体育场（馆）、展览馆、旅游点等公共场所。这里还包括按规定允许设置或张贴的路牌、霓虹灯、招贴等户外媒体。

④ 交通媒体：如车、船、飞机等交通设施。

⑤ 店场内媒体：如利用商场或销售门店的柜台、橱窗等设施。这种广告称为 POP 广告。

⑥ 邮政快递媒体。

⑦ 其他媒体：如门票、购物卡、包装、餐具、公交卡等。

由于商业性广告是需要投入一定费用的，因此企业在选择广告媒体时要综合考虑各种因素，权衡利弊，要以实现最初目标为前提。

【案例 5-1-3】联想融合式植入，科技无处不在

2021 年，联想宣布成为《中国医生》电影的独家 PC、手机及 IT 解决方案合作伙伴，并签约该片主演张涵予出任"联想智商务形象大使"。在影片中多次呈现和植入联想产品，例如医生使用的笔记本电脑就是联想在当年刚推出的 ThinkPad T15 和 ThinkPad X1 Yoga 两款新品，通过涵盖不同场景的全景式植入，联想的众多产品和影片无缝融合在一起。

联想和《中国医生》的联手，通过高立意、多场景、沉浸式植入，让产品变得有血有肉，引发消费者的情感共鸣，提升品牌的精神内涵。这种全场景、融合式的植入，很好地展现了联想以人为本、创新科技、匠心品质的品牌基因。

 案例思考

- 你认为本案例属于哪一类型的广告？该广告策略的优点是什么？

【案例 5-1-4】提醒顾客注意健康——计算机上的广告

某集团销售计算机，虽全体员工奋力拼搏，依然生意惨淡。后来公司里有人说："顾客长时间用计算机，容易腰酸背痛。我们何不在屏幕保护程序里提醒顾客注意这一点呢？"公司决定试一试，将健康提醒广告加入。在不用计算机的时间里，出现"坐时要伸展，举时勿扭伤，不急总宜缓，蹲膝动作轻——某集团"字样提示。一段时间过后，销售量明显上升。尝到甜头后，该集团又把广告印在鼠标垫上。这些送出的鼠标垫在客户办公桌上时常出现，使该集团的知名度越来越高，销售业绩也越来越好。

案例分析

- 提醒顾客注意健康，可让他们对公司产生良好的印象，进而促进销售。广告的创意在于此，一个好的广告创意能够吸引更多的人，其效果自然就好。并且广告投放媒体选择更是重要，一定要科学合理地选择好媒体，达到预期目的。

活动 5.1.4　广告宣传的基本原则

 相关知识

商业性广告宣传必须遵循以下原则。

① 计划性和效益性原则：设计和制作广告，首先要做好市场调查和预测，根据营销任务通盘规划，不能想做什么就做什么；要从实际出发，讲求经济效益，有的放矢，节省费用，提高效果。

② 真实性原则：广告的生命在于真实，企业进行广告宣传，必须实事求是地向客户介绍产品特点和使用价值，切不可采取欺骗的手段，溢美掩丑，哗众取宠，损害客户利益。

③ 思想性原则：广告的文案编写和图画的绘制，必须符合党和国家的方针、政策、法律法令，反映社会主义的时代特色和道德风貌，成为精神文明的传播者。

④ 艺术性原则。要运用新的科学技术，吸收文学、声学、光学、电影、戏剧、音乐、美术等各门类技术及特点，精心设计、制作的广告要给人以较高的艺术享受，要使公众得到启发、受到感染。

【案例 5-1-5】伊利"奥运健康中国行"

伊利作为乳饮料行业的龙头企业，在北京奥运会举办期间以"北京奥运会唯一乳制品提供者"的身份举办民间奥运健身文化推广主题活动，将"健康为奥运""健康的奥运""奥运的健康"等作为奥运营销战略布局，执行"奥运健康中国行"和"伊利奥运计划 2.0"等一系列奥运营销战术，把奥林匹克精神传播到消费者心里，让更多中国人拥有健康的生活方式，追求进取。同时也把奥运的精髓注入品牌理念中，有效地实现了伊利品牌战略布局与战术执行的统一。经过本次活动，其主营业务收入同比增长 17.56%，其中净利润增长 27.46%。

案例思考

- 请分析伊利公司举办的民间奥运健身文化推广主题活动为何如此成功。

_____

_____

_____

【案例 5-1-6】真实的生命力

某房地产开发商在商品房预售前打出广告，声称该小区有一块近 400 m² 的绿地，小区内还设有幼儿园。可当消费者购房后，却发现原来规划的绿地上盖起了其他建筑，小区内也没有幼儿园。许多消费者认为受了该房地产开发商的欺骗，于是向当地工商局投诉，要求讨个说法。工商局表示该房地产宣传存在严重的虚假、夸大问题，侵害了购房者的合法权益，应当承担违约责任。

【案例 5-1-7】大象和小象

这是一则公益广告，目的是为了呼吁人们保护大象。广告是在象牙贸易肆虐，大象种群生存受到严重威胁的情况下产生的，如图 5-2 所示，图片中以群居为主的大象却仅仅出现了两头，母象和小象在寂寞的草原中结伴而行。它们背对着观众向着太阳落下的地方缓缓走去，观众看不到象群的正面，不知道它们的状况，也不知道大象种群的未来将走向哪里。通过大象母子的对话来让观众自己思考。

图 5-2　大象和小象

【案例 5-1-8】观察顾客的反应

某广告公司的业务水平在同行中只能算中等，后来来了一位经理，"我们的业绩为什么不够好？"他突然想到了一点：在买东西时，真正的买家不是弯腰 90° 来看商品的人，而是那些已经走过摊位却仍回头来看着商品的人。观察别人的身体语言，就能得到有价值的信息。受此启发，每当新的广告宣传单、招贴画完成以后，他叫员工注意观察顾客的反应。结果员工发现有的顾客一看就皱眉，立即转身离开；有的微笑着点头；有的眼睛一动不动……他们回去报告给经理，经理说："再问问他们为什么有这种反应，心里是怎么想的。"

这样下来，员工逐渐了解到为什么有的作品不能打动人，也知道顾客真正感兴趣的是什么，并有针对性地改进，使得公司的技术水平又有了很大的提高，自然有了更多的客户。

 案例思考
- 你认为在广告策划过程中应注意哪些问题？

活动 5.1.5　技能训练：设计某一 IT 产品的广告策划方案

【活动要求】① 选择某一 IT 产品作为分析对象；② 经过讨论分析，提出该产品广告促销的具体方案，包括广告词设计、媒体选择、广告主题内容等；③ 简要说明采取此广告策划的理由。

【活动过程】

所选择的 IT 产品：

广告词：

广告媒体：

_____

_____

_____

广告主题内容设计：

_____

_____

_____

广告设计说明：

_____

_____

_____

教师点评：

_____

_____

_____

任务 5.2　了解 IT 产品销售中的人员推销策略

 问题引入

● 推销员在推销出自己的产品之前首先要推销自己。你怎么理解这句话？

_____

_____

 你知道吗?

腾讯 CEO 马化腾、联想集团总裁杨元庆都曾做过推销员。做过推销员的经历是他们成功之路上一笔宝贵的财富。所有的经历都会成为你未来人生道路上的知识和财富，引导你更好地把握人生方向和选择，也是我们成功道路上的基石和决定因素。

活动 5.2.1　熟悉人员推销及其特点

 **相关知识**

1. 人员推销的概念

有人认为，人员推销就是多磨嘴皮、多跑腿，把手里的商品卖出去而已，无须什么学问和技术。有人认为人员推销就是欺骗，推销技术就是骗术。这都是对人员推销的一种片面认识甚至误解。

所谓人员推销，是指企业通过派出专业销售人员与一个或一个以上可能成为购买者的人进行线上或线下的交谈，用通信软件或口头陈述方式介绍某种商品或服务，帮助购买者认识和了解这些商品或服务，并说服他们购买这种商品或接受这种服务的活动过程。

其实，人员推销是一项专业性很强的工作，是一种互惠互利的推销活动，它必须同时满足买卖双方的不同需求，解决各自不同的问题，而不能只注意片面的产品推销。尽管买卖双方的交易目的大不相同，但总可以达成一些双方都可以接受的协议。人员推销不仅是卖的过程，而且是买的过程，即帮助顾客购买的过程。推销员只有将推销工作理解为顾客的购买工作，才能使推销工作进行得卓有成效，达到双方满意的目的。为顾客服务，不仅应是推销员的愿望和口号，也应是人员推销本身的客观要求。换句话说，人员推销不是推销产品本身，而是推销产品的使用价值和实际利益。顾客不是购买产品实体本身，而是购买某种需要的满足；推销员不是推销单纯的产品，而是推销一种可以解决某些问题的答案。能否成功地将推销产品解释为顾客需要的满足，能否成功地将推销产品解释为解决顾客问题的答案，是保证推销效果的关键因素。因此，推销员应该说的是"推销品将使顾客的生活变得如何好"，而不是"推销品本身如何好"。此外，应认识到的是，人员推销是一种专业性和技术性很强的工作，它要求推销员具备良好的政治素质、业务素质和心理素质，以及吃苦耐劳、坚忍不拔的工作精神和毅力。人员推销是一种涉及金钱、时间、才智的综合性的商业活动。从不同的角度出发，可以给人员推销下不同形式的定义，但它们包含的关键内容和要素是相同的。

人员推销与非人员推销相比，其主要特点如下：

① 有较强的针对性。

② 信息传递具有双向沟通性，反馈及时。

③ 推销过程具有灵活性。

④ 人员推销注重人际关系，有利于建立友谊，合作具有长期性。

⑤ 人员推销的弱点在于费用较高，易受时间和人员限制，推销范围不够广泛，信息传递的速度较慢；推销的效果好坏直接取决于推销人员的素质和推销能力，这使人员推销的运用受到一定的限制。

2. 推销人员

推销人员是企业开拓市场的先锋，是企业形象的重要代表，必须具备一定的基本条件。现代企业十分重视推销人员的素质，一个理想的推销人员应具备以下素质。

（1）强烈的敬业精神

推销工作是一项很辛苦的工作，有许多困难和挫折需要克服，有许多冷酷的回绝要面对，这就要求推销人员必须具有强烈的事业心和高度的责任感，有一股勇于进取、积极向上的劲头，行千山万水，进千家万户，尝千辛万苦，讲千言万语，想千方百计，达到开拓市场的目的。

（2）敏锐的观察能力

市场和顾客的情况是很复杂的，不仅差别很大，而且受许多因素的制约。一个有敏锐观察能力的推销人员，能眼观六路，耳听八方，及时发现和抓住市场机会，揣摩顾客的购买意图和购买心理，提高推销的成功率。

（3）良好的服务态度

推销人员不仅是企业的代表，也应是顾客的顾问。应真正树立"用户第一""顾客是上帝"的思想，想顾客所想，急顾客所急，积极为顾客服务，这样才能较快地赢得顾客的信任。

（4）说服顾客的能力

推销人员要能熟练地运用各种推销技巧，成功地说服顾客。要熟知推销工作的一般程序，了解顾客的购买动机和购买行为，善于展示和介绍自己的产品，善于接近顾客，善于排除顾客的异议直至达成交易。

（5）宽阔的知识面

推销人员经常与各种各样的顾客打交道，需要具有宽阔的知识面。知识面的宽阔与否一定程度上决定了推销人员的推销能力，所以，推销人员应有旺盛的求知欲，善于学习并掌握多方面的知识，这样运用起来才会游刃有余。一般来讲，一个推销人员应该具备丰富的专业知识、产品知识、企业知识、用户知识、市场知识、语言知识、社会知识、美学知识等。

（6）良好的身体素质

一个优秀的推销人员要有良好的身体素质，毕竟推销人员的工作是非常辛苦的工作。当然还应具备良好的心理素质、文雅的仪表风度等。

（7）基本的信息素养

随着互联网技术的发展，网上购物已经培育出庞大的线上消费群体。紧跟时代的脚步，掌握必要的信息技术，具备良好的信息素养，也是一个优秀的推销人员应有的良好品质。

【案例 5-2-1】张先生的上任"三把火"

A 公司是一家生产销售个人计算机的企业。张先生学的是计算机专业，从事计算机销售工作已有 5 年，在 3 家公司从事过销售代表。A 公司十分信任他，让他负责华中地区的销售工作。他分析了个人计算机的现状，认为计算机市场竞争激烈，要想扩大销售必须从改变服务质量入手，并提出了具体的措施：一是采用最好的服务规范和标准，要求所有的员工必须认真履行；二是建立全过程的服务质量监控跟踪系统；三是一旦发现顾客投诉，即对推销人员实行严厉处理，直至辞退。通过上述措施，该公司华中地区销售业绩实现上升，受到 A 公司的奖励。

 案例思考

- 张先生为什么要选择提高服务质量作为突破口？他在推销中采用的是什么样的推销观念？

_____

_____

_____

活动 5.2.2   熟悉人员推销业务流程

 **相关知识**

人员推销的业务流程如下：

① 确定目标。推销人员在确定目标时，应该把重点放在那些购买能力强、愿意和负责购买产品的潜在顾客身上。潜在顾客的名单可以从对消费者的调研资料、工商会员名单、电话号码簿、公共档案、公司档案中获取。

② 接近潜在顾客。成功的推销员大多数都具有为人热情、善于表达、与人沟通能力强的优点，而且有着丰富的产品知识，在与潜在顾客接触时首先能给对方一个良好的第一印象，这往往是成功推销产品的关键。

③ 推销产品。推销员在对目标顾客已有充分了解的基础上，可以直接向目标顾客进行产品介绍，甚至主动地进行一些产品的使用示范，以增强目标顾客对产品的信心，并传达产

品优良性能、利益和价格，优于竞争对手的产品特点等。此外，还可以请潜在顾客亲自参与产品的使用操作，特别是那些复杂的机电产品。

④ 回答异议。耐心地解答潜在顾客对产品提出的任何问题，消除异议与疑虑，使顾客不仅买到产品而且可以获得良好的服务。

⑤ 成交。有经验的推销人员，往往会以顾客已打算购买的假设为依据，向顾客提出："您希望什么时候送货？"这就可以使犹豫的潜在顾客立即做出购买决定。

⑥ 追踪。对于高价值商品，售后追踪服务很重要，它能确保商品始终处于使用状态，同时与顾客保持良好的关系。推销人员应记录好每次成功的销售，并建立起档案，为企业长期供货打好基础。

一个成功的推销人员，推销之前是一定有所准备的。一般情况下，推销人员应先制订一个周密的推销计划，包括时间、地点、人物、潜在顾客性格爱好、应对措施、策略等，还有如何去推销、遇到异议如何应对等，之后，按照以上步骤来实施自己的推销计划。

【案例 5-2-2】别具一格的接近法

一位推销瓷器的女推销员，当她把一套餐具中的一个盘子递给瓷器经销商时，她故意把盘子掉在地上，但盘子却完好无损。当她捡起来后，说道："这是我们研发的新技术成果，您的顾客特别是家里有小孩子的顾客肯定会喜欢这样的产品，难道您不这样想吗？"结果，这位经销商一周后就与她签定了经销合同。

 案例分析

- 在本案例中，推销人员使用了表演接近法，推销员以一种戏剧性表演技法引起顾客注意和兴趣，进而转入洽谈的接近方法。
- 推销员表演必须具有戏剧效果，能引起顾客的注意和兴趣。应尽量表现得自然合理，不要过分夸张以免引起"作秀"的嫌疑，而且推销人员应当尽量使顾客参与到表演中，以激发顾客的兴趣。

【案例 5-2-3】准确分析顾客类型

IT 产品推销员小吴去拜访他的重要客户李经理。李经理为人热情、随和，很健谈，讲话的音调抑扬顿挫。小吴根据他所学的客户分析知识判断李经理属于活泼型客户。小吴知道，对于这类型的客户一定要投其所好，多运用赞美技巧。小吴打量办公室的环境，留意到李经理办公桌上放着李经理和他女儿的合影。于是小吴由此展开了话题，赞美李经理女儿漂亮，并询问李经理女儿多大了，在哪里上大学。李经理一谈起女儿，脸上马上绽放出慈父的光芒。这次拜访，小吴和李经理有三分之二的时间都是在谈论李经理的宝贝女儿。最后小吴提及拜访的来意，李经理也爽快地同意购买他们公司的产品。

案例分析

- 由本案例可见，学会了解客户，分析客户类型，对我们的推销工作能起到很大的帮助。小吴就是很好地运用了客户分析方法，并根据不同类型的客户采取不同的应对技巧，才取得了事半功倍的效果。

【案例 5-2-4】正确理解顾客的真正购买目的

一对中年夫妇走进一家计算机销售店面。

"先生您好，来看看我们的计算机，这个月有促销活动，赠送特惠大礼包！您想要什么配置的？"

"这个牌子我怎么不熟悉啊，以前好像没有听说过？"

"我们从 1995 年就开始做计算机了，我们这个品牌是北京的知名品牌，获得过好几次'中关村电脑节'十大知名品牌的荣誉。"小王指着一张公司的 POP 说。

"我就觉得联想的计算机好，人家是名牌，肯定比你们专业。"一直没吭声的女方说话了。

"大姐，您这就有所不知了，现在计算机这东西除了外壳不同，其他的东西像 CPU、内存、主板、硬盘各品牌都一样，都不是自己生产的。买品牌机就是买服务，我们是北京的公司，本地服务能力突出，随时为您提供服务。"小王指着 POP 上的服务内容说，"您看，这是我们为您准备的服务大套餐。"

"价格上能优惠多少？"中年人问道。

"今天您二位可赶巧了，我们正在搞暑期大促销，购买我们的任何一款计算机都有礼品赠送，只要您加 9 块钱还可送您一个麦克风，加 99 块钱送一个手写板或是我们的软件大礼包，加 199 元送您一个 U 盘或者双层电脑桌，加 399 元送您扫描仪或数码相机……机会难得呀！"

中年人说："谢谢你小伙子，我们再到别处去看看。"

案例思考

- 本案例中售货员小王为什么没有获得成功？如果你是小王，你会怎么说？

_____

_____

_____

活动 5.2.3　了解人员推销技巧

 **相关知识**

在人员推销活动中，一般采用以下 3 种基本策略。

① 试探性策略。也称为"刺激—反应"策略，即在不了解顾客的情况下，推销人员运用刺激性手段引发顾客产生购买行为的策略。推销人员事先设计好能引起顾客兴趣、刺激顾客购买欲望的推销语言，通过渗透性交谈进行刺激，在交谈中观察顾客的反应；然后根据其反应采取相应的对策，并通过得体的语言，再对顾客进行刺激，进一步观察顾客的反应，以了解顾客的真实需要，诱发购买动机，引导产生购买行为。

② 针对性策略。是指推销人员在基本了解顾客某些情况的前提下，有针对性地对顾客进行宣传、介绍，以引起顾客的兴趣和好感，从而达到成交的目的。因推销人员常常在事先已根据顾客的有关情况设计好推销语言，这与医生对患者诊断后开处方类似，故又称针对性策略为"配方—满足"策略。

③ 引导性策略。也可称为"引发—满足"策略，是指推销人员运用能激起顾客某种需求的说服方法，引发、引导产生购买行为。这种策略是一种创造性推销策略，它对推销人员的要求较高，要求推销人员能因势利导，引发、唤起顾客的需求；并能不失时机地宣传介绍和推荐所推销的产品，以满足顾客对产品的需求。

【案例 5-2-5】把"头回客"变成"回头客"

曾经有一位中年妇女到某商场购物，找到她想买物品的柜台后，开始精挑细选。接待她的是一年轻女售货员。"小姐，请把这个拿来看一下。""小姐，再拿那种看看。""小姐，还有没有更好的……"十分钟过去了，二十分钟过去了，半小时过去了，这位顾客心里开始敲鼓了：也许售货员马上就要发作了，最好赶快决定。但悄悄一看，那售货员依然面不改色，满面春风，让这位顾客非常感动。以后这位顾客逢人便讲，无形中为这家商场作了活广告，也为商场带来了不止 20 位顾客。

【案例 5-2-6】李老太买李子的 3 段对话

李老太到集市买李子，她走到第一家水果店门口，问店员甲："这个李子怎么卖？"

店员甲："每斤 8.8 元。这李子又大又甜，很好吃的……"

李老太没等她话说完，转身就走了。

李老太走到第二家水果店门口，问："你这李子怎么卖？"

店员乙回答说："每斤 8.8 元。您要什么样的李子呢？"

李老太说："我要酸的李子。"

店员乙："正好我这李子又大又酸，您尝尝……"

李老太选了一个尝了尝，有点酸，于是买了两斤。

李老太提着李子回家时路过第三家店，她想验证下李子是不是买贵了，于是她问："你这李子多少钱一斤？"

店员丙回答说："每斤 8.8 元。您要什么样的李子呢？"

李老太说："我要酸的李子。"

店员丙："您为什么要酸的呢，这年头大家都要甜的。"

李老太说："我儿媳妇怀孕 4 个月了，想吃酸的。"

店员丙："原来这样，那您为什么不买点猕猴桃呢？猕猴桃口味微酸，营养丰富，特别是还含有丰富的维生素，同时这些维生素很容易被小宝宝吸收。既可以满足您儿媳妇的口味，也为小宝宝提供了丰富的维生素，一举多得呢！"

李老太觉得有理，于是又买了两斤猕猴桃。

 案例思考

- 你从本案例受到什么启发？在推销过程中需要注重的是什么？

【案例 5-2-7】一次失败教训

小张是某房产公司首屈一指的推销员，他一直在公司的销售排名中稳居第一，然而，这么一位出色的推销员，却有一次难忘的失败教训。

一天，一位顾客来找小张谈购房事宜。小张推荐了相关户型，一切进展顺利，眼看就要成交，但对方突然决定不要了。小张特别疑惑，不知道哪个环节出错了，最终还是没有挽留住客户。

小张百思不得其解，这位顾客明明很喜欢这个房子，为何又突然变卦了呢？他忍不住给对方拨了电话。

"您好！今天我向您推销那套房，眼看您就要签字了，为什么却突然走了呢？非常抱歉，打扰到您，我检讨了一整天，实在想不出自己到底错在哪里了，因此，冒昧地打个电话来请教您。"

"你真的想听我说吗？"

"肺腑之言。"

"可是，今天下午那会你并没有用心听我说话，就在签字之前，我提到我的孩子即将进入大学生活，我还和你说到他的成绩和将来的抱负，我以他为荣，可你似乎只在意要卖给我的房子！"

听得出，对方似乎余怒未消。但小张对这件事却毫无印象，因为当时他确实没有注意听。对方继续说："你宁愿听你的同事说笑话，根本不在乎我说什么，我不愿意从一个不尊重我的人手里买东西！"

案例思考

- 你如何看待小张这次难忘的教训？

_____

_____

_____

【案例 5-2-8】绝不能随便地让顾客走掉

小周是某零售商店的销售员。一天早晨，李小姐走进店里，告诉小周说她正在寻找新款手机，希望购买一部价格在 5 000～8 000 元之间的手机，并且看上展示架上那一部标价6 750 元的手机。

当小周把这一部手机的优点详细向李小姐说明之后，李小姐问道："这种型号的手机最优惠的价格是多少钱呢？"

小周立刻回答："算您 6 500 元吧！"

李小姐决定要购买了，立刻在订单上签名并付款。小周在感谢李小姐的惠顾之后，走进仓库里去取货。

大约过了 1 分钟，小周回到柜台，对李小姐说："李小姐，非常抱歉，您要的型号没货了，本公司设在武昌的零售商店可能还有货，离这里只有 15 公里，您愿意去那里买吗？"

李小姐："我没有时间去那里买，可以请商店的人送过来吗？"

小周："今天恐怕没有人送过来，下星期一我们会补上这款货，到时您就可以在这里买了。"

李小姐："真不巧！我今天一定要买到。"

小周："非常抱歉，我没有注意到我们店里已经没有那种型号的手机了。"

李小姐："真扫兴，请您把订单取消，把钱退还给我。"

案例思考

- 小周错在什么地方？遇到这种情况你该怎么办？

_____

_____

_____

【案例 5-2-9】准确把握与顾客接近的时机和热情程度

一位老先生走进了某电子城的一家计算机专卖店。"您好，欢迎光临！"一个气质高雅、长发披肩的女导购员用甜甜的声音招呼。老先生径直地走了进去，盯着展台上的计算机看。"老先生您好，我可以为您提供什么服务吗？"导购员又问。"你先忙吧，我随便看看。"又过了一会儿，女导购员又问道："您看好了吗？喜欢哪一款，我给您介绍一下，好吗？您看这款怎么样，它是专为家庭设计的，它的外观采用时尚、简约的设计风格，极简主义与几何造型的外观非常耐看，能和您的家庭融为一体，如果您是在家里使用的话，我推荐您这款计算机。"

"谢谢，我自己先看看。"老先生说罢转身要走。这时候，女导购微笑着紧随其后，说："大爷，反正我现在也不忙，不如陪您逛逛。大爷，您以前在哪个单位工作呀？"

"在一家设计院，现在退下来了。闲着没事，经常有年轻人说要给我发邮件，我用他们的计算机试了一下，还真方便，高科技就是好哇！顺便还能让小孙子也来学学计算机。"

"小孙子跟您住在一块吗？"

"是啊，他爸妈太忙顾不上照顾他，小家伙就喜欢缠着我们老两口。"

"小孙子多大了？"

"九岁，该上三年级了，成绩特别好。"

"您真有福，您祖孙俩准备选一款什么样的计算机呢？如果看不到合适的，我还可以给您找其他款式的。"

 案例思考

- 本案例中女导购在哪些方面做得比较好，在哪些方面做得不够好？如果你是导购员，应怎样做？

_____

_____

_____

【案例 5-2-10】厉家菜的饥饿营销

厉家菜的营业形式比较特殊，一天只接待一桌客人，消费需要提前预约，并且是套餐形式，不支持顾客自己点菜，再加上宫廷口味的定位，不少人纷纷被吸引前去预约探店，包括不少名人政要。

案例思考

- 你如何看待饥饿营销？

活动 5.2.4　技能训练：设计某一 IT 产品的人员推销方案

【活动要求】① 选择某一 IT 产品作为分析对象；② 经过讨论分析，设计出人员推销方案，说明人员推销的目标、时间、地点、人员、推销方案等具体内容；③ 简要说出采取此推销方案的理由。

【活动过程】

所选择的 IT 产品：

推销目标：

推销时间、地点、人员：

具体推销方案：

选择此推销方案的理由：

_____

_____

_____

教师点评：

_____

_____

_____

任务 5.3 　了解 IT 产品销售中的营业推广策略

问题引入

- 你在买东西时是否遇到过有奖销售、免费试用、"买一送一"之类的经历？你认为商家如此做的目的是什么？

_____

_____

_____

你知道吗？

北京市密云区东邵渠镇石峨村是具有悠久历史的"御皇李子"的发祥地。作为北京市最大的李子基地，如今东邵渠镇李子种植面积已达近万亩，预计年产量 340 万公斤。但在李子的销路上，果农们却犯了难。李子是季节性水果，成熟期很短，如果采摘季销售不理想的话，果农们一整年的希望就会在不到 20 天内烂在地里。

为了解决销售难问题，结合市场调研需求，东邵渠镇改进传统包装，设计打造御礼精品礼盒，印有有机认证、密云农业、御皇三大标识，精选优质新鲜果品，经分拣、装箱、打包后销往各大市场，拓展城区商超渠道。拍摄《这"乡"有李，御皇李子》宣传片，通过北京科教频道节目播出，扩大影响力。通过线上线下齐发力，东邵渠镇李子销售逐渐走俏。

活动 5.3.1　初步认识营业推广及其特点

 **相关知识**

营业推广是刺激消费者迅速购买商品而采取的营业性促销措施，是配合一定的营销任务而采取的特殊方式。通俗地说，就是企业通过一边销售，一边采取灵活多样的刺激消费者的活动或具体措施来扩大销售量的一种促销模式。

营业推广具有如下特点。

（1）刺激需求效果显著

营业推广以"机不可失，时不再来"的较强吸引力，给顾客提供了一个特殊的购买机会，打破顾客购买某一产品的惰性，所以刺激需求效果显著，能花费较少的费用，在局部市场上取得较大的收益。

（2）营业推广形式的局限性

营业推广的形式较多，如提供咨询服务、举办展览会、展销会、现场示范、赠送样品、有奖销售等。在这些推广形式中，像有奖销售、赠送纪念品或货样等形式，如果选择和运用不当，求售过急，可能会贬低产品，引起潜在顾客怀疑其产品质量或价格的合理性，有损产品形象，导致不良结果。因此营业推广适用于一定时期、一定产品，而且推广手法需要审慎选择，要符合社会主义精神文明建设的要求，否则就会失去营业推广的意义。

【案例 5-3-1】百货公司限时拍卖举措

有家大型百货公司通过市场调查发现，每周三这一天前来光顾的顾客是最少的。于是，这家百货公司就利用每周的周三这一天，搞一个限时拍卖活动。当然，拍卖的商品都是众所周知的少数名贵商品。每周换一样商品，以较低的价格起拍。百货公司把这一消息通过海报、电视、报纸、广播、网络等媒体公布出去，宣称从下周开始本公司每周三搞一次拍卖活动，随之把连续拍卖的商品清单也一同公布出去。

一传十，十传百，很多人都知道了这一消息。等到周三这一天，果然有很多人腾出自己的时间，奔着拍卖的那些商品而来。结果，在周三一天来这家百货公司的客流量明显比以往多了几成，其公司营业额也从此提高了 1.5 倍，达到了扩大销售的目的。

案例思考

● 这家百货公司为何能达到扩大销售量的目的？

_____

_____

_____

活动 5.3.2　理解营业推广的具体形式

相关知识

营业推广形式通常分为 3 类。

（1）针对消费者的推广

目的是配合广告活动，促进消费者增加购买数量和重复购买。其具体形式如下：

① 赠送样品。向消费者赠送样品或试用品，赠送样品是介绍新产品最有效的方法，缺点是费用高。样品可以选择在商店或闹市区散发，或在其他产品中附送，也可以公开广告赠送，或入户派送。

② 折价券。在购买某种商品时，持券可以免付一定金额。折价券可以通过广告或直邮的方式发送。

③ 包装促销。以较优惠的价格提供组合包装和搭配包装的产品。

④ 抽奖促销。顾客购买一定的产品之后可获得抽奖券，凭券进行抽奖可获得奖品或奖金，抽奖可以有各种形式。

⑤ 现场演示。企业派促销员在销售现场演示本企业的产品，向消费者介绍产品的特点、用途和使用方法等。

⑥ 联合推广。企业与零售商联合促销，将一些能显示企业优势和特征的产品在商场集中陈列，边展销边销售。

⑦ 参与促销。消费者参与各种促销活动，如技能竞赛、知识比赛等活动，能获取企业的奖励。

⑧ 会议促销。各类展销会、博览会、业务洽谈会期间的各种现场产品介绍、推广和销售活动。

（2）针对中间商的推广

目的是为了获取中间商的支持与合作，鼓励中间商大批进货或代销。其具体形式如下：

① 批发回扣。企业为争取批发商或零售商多购进自己的产品，在某一时期内给经销本企业产品的批发商或零售商加大回扣比例。

② 推广津贴。企业为促使中间商购进企业产品并帮助企业推销产品，可以支付给中间商一定的推广津贴。

③ 销售竞赛。根据各个中间商销售本企业产品的实绩，分别给优胜者以不同的奖励，如现金奖、实物奖、免费旅游、度假奖等，以起到激励的作用。

④ 扶持零售商。生产商对零售商专柜的装潢予以资助，提供 POP 广告以强化零售网络，促使销售额增加；可派遣厂方信息员或代培训销售人员。生产商这样做目的是提高中间商推销本企业产品的积极性和能力。

（3）针对销售人员的推广

目的是为了调动推销人员的积极性，鼓励他们大力推销新产品，开拓新市场，如按推销绩效发给红利、奖金等。

主要是针对企业内部的销售人员，鼓励他们热情推销产品或处理某些老产品，或促使他们积极开拓新市场。一般可采用形式有：销售竞赛、免费提供人员培训、技术指导等。

【案例 5-3-2】婴儿奶粉的推广

某品牌婴儿奶粉推出了一款新产品，马氏孕婴店的老板马女士第一时间进了一批货，但出乎意料的是，三个月过去了，新产品竟然没有老产品卖得好，积压了大量库存。

马女士分析原因，得出结论：很多人只看过产品广告却没有使用过，担心广告宣传含有不实之语，所以不敢轻易购买。究竟如何才能够打消顾客的这种顾虑呢？

马女士看见货物架上摆着的奶粉试用装，忽然灵光一闪：既然新款奶粉附带着试用装销售都无法吸引顾客，那就换一种方式销售吧。马女士让店员将所有试用装都拆了下来，放在一个包装精美的箱子中。第二天，马女士让两个店员拿着一摞写有店铺地址、电话的新产品宣传单和那一箱子试用装，到店内的会员顾客家里进行免费赠送。

一个星期以后，正当马女士估计着送出去的试用装应该差不多快用完了的时候，一位母亲走进店里，径直走向那款新品，声称那款奶粉宝宝很爱喝，喝了以后精神状态相当好，要求购买一整箱。新产品的销路就此打开。店内积压的新品库存很快销售一空。此后，孕婴店再有新产品上市，马女士一律采用这种方式促销。

【案例 5-3-3】迂回降价法——以旧换新

有一个厂家在日用品市场上推出了一种美观实用的"彩色锅"。由于家家都有旧锅，所以去买的人并不多。厂家调查之后发现，大多数人的想法是锅用坏了再去买彩色锅。于是，厂家推出了以旧锅换彩色锅的"方便顾客"的办法。许多消费者都拿着旧锅去换彩色锅，高兴地说："真合算！"其实，旧锅只是被收去当了废铁，彩色锅的销售是以"明"降价改为"暗"降价。

案例分析

- 以旧换新是耐用消费品市场上常常采用的一种促销方法，与直接降价打折相比，这种方法更积极一些，算得上是一种迂回战术。其成功的要点在于掌握顾客的心理，定出合理易行的具体办法，尤其在细节上，不能让消费者觉得上当。如果价格过分偏离价值，也是不会持久的。

活动 5.3.3　了解营业推广促销方式中的注意事项

相关知识

营业推广是一种促销效果比较显著的促销方式，但倘若使用不当，不仅达不到促销的目的，反而会影响产品销售，甚至损害企业的形象。因此，企业在运用营业推广方式促销时，必须注意以下方面。

① 选择适当的方式。营业推广的方式很多，且各种方式都有其各自的适用性。选择好营业推广方式是促销获得成功的关键。一般说来，应结合产品的性质、不同方式的特点以及消费者的接受习惯等因素选择合适的营业推广方式。

② 确定合理的期限。控制好营业推广的时间也是取得预期促销效果的重要一环。推广的期限既不能过长，也不宜过短。这是因为，时间过长会使消费者感到习以为常，失去刺激需求的作用，甚至会产生疑问或不信任感；时间过短会使部分顾客来不及接受营业推广的好处，得不到最佳的促销效果。一般应以消费者的平均购买周期或淡旺季间隔为依据来确定合理的推广方式。

③ 切忌弄虚作假。营业推广的主要对象是企业的潜在顾客，因此，企业在营业推广全过程中，一定要坚决杜绝弄虚作假的短视行为发生。在市场竞争日益激烈的条件下，企业商业信誉是十分重要的竞争优势，企业没有理由自毁商誉。本来营业推广这种促销方式就有贬低商品之意，如果再不严格约束企业行为，那将会产生失去企业长期利益的巨大风险。因此，弄虚作假是营业推广中的最大禁忌。

④ 注重中后期宣传。开展营业推广活动的企业比较注重推广前期的宣传，但也不应忽视中后期宣传。在营业推广活动的中后期，十分重要的宣传内容是营业推广中的企业兑现行为。这是消费者验证企业推广行为是否具有可信度的重要信息源。所以，令消费者感到可信的企业兑现行为，一方面有利于唤起消费者的购买欲望，另一个更重要的方面是可以换来社会公众对企业良好的口碑，增强企业良好形象。

此外，还应注意确定合理的推广预算，科学测算营业推广活动的投入产出比。

【案例 5-3-4】欺骗性有奖销售

某地工商局执法人员在对个体工商户江某的商店进行检查时，发现其经销的一款啤酒涉嫌采用谎称有奖的方式进行有奖销售，立刻扣押其库存并立案调查。

江某经销的这款啤酒外包装箱和酒瓶标签标注有"一个标有金质纪念章的有奖瓶盖＝铁骑士金质纪念章一枚，一个标有壹元的有奖瓶盖＝人民币现金壹元，一个标有伍角的有奖瓶盖＝人民币现金伍角"等字样。原来，江某是该品牌啤酒在该地的总经销商，为了便于销售，他主动要求厂家提供这样的标注，实际上箱内未设任何奖项，开盖后瓶盖标注的字样均为"谢谢您"。

江某通过欺骗性的"有奖销售"进行推广，违反《反不正当竞争法》，当地工商局作出责令其停止违法行为、处罚款 10 000 元的行政处罚。

案例分析

- 《反不正当竞争法》规定，经营者不得从事下列有奖销售：（一）采用谎称有奖或者故意让内定人员中奖的欺骗方式进行有奖销售；（二）利用有奖销售的手段推销质次价高的商品；（三）抽奖式的有奖销售，最高奖的金额超过 50 000 元。

【案例 5-3-5】有奖销售活动最高奖金额超过 5 万元被罚

在 2021 年"双 11"网络交易专项监测中，市场监管部门执法人员发现某房地产项目免费送"国民神车"有奖销售活动涉嫌违法。

经查，当事人为提高该房地产项目的知名度，吸引更多的购房者，自 2021 年 11 月 5 日起举办现场抽奖活动，并在售楼处大厅、微信等渠道宣传，最高累计获奖金额已超过 5 万元。

上述行为违反了《反不正当竞争法》，市场监管部门依法作出责令停止违法行为、罚款 18 万元的处罚决定。

案例思考

- 通过此案例，你是不是对有奖销售活动有了新的认识？你在生活中是否遇到过类似的情况？

活动5.3.4　技能训练：针对某一IT产品设计营业推广方案

【活动要求】① 选择任一IT产品作为分析对象；② 经过讨论分析，提出该产品营业推广方案，要注意方案的具体实施细则及可行性；③ 简要说明出具体实施计划；④ 简要说明此营业推广活动策划的理由。

【活动过程】

所选择的IT产品：

此营业推广活动的目的：

具体推广方式：

实施计划：

选择这一推广方式的理由：

教师点评：

_____

_____

_____

任务 5.4 　了解 IT 产品销售中的网络营销策略

问题引入

- 在互联网盛行的今天，你认为网上购物为你的生活带来了哪些影响呢？

_____

_____

_____

你知道吗?

元气森林成立于 2016 年，其营销策略充分运用了互联网思维，并借助新媒体传播优势，实现了由点到面的范围扩散效果。此外，元气森林充分利用"直播带货"这一互联网风潮，与知名带货主播合作；签下冬奥会运动员作为品牌代言人并辅以线上线下广告投放，在短时期内大幅提升产品销量，现已出口至美国、日本、新加坡等 40 多个国家和地区。

活动 5.4.1 　初步认识网络营销及其特点

相关知识

网络营销是以互联网为基本手段，以用户和消费者的需求为中心，营造网络经营环境并利用数字化信息的流通性和网络媒体的交互性来辅助实现营销目标的一种新型的市场营销方式。它是企业整体营销战略的一个组成部分。

网络营销具有如下特点。

（1）跨时空性

企业营销的最终目的是抢占市场份额，借助互联网手段可以突破现有时间、空间的局限性，企业可以随时提供全球性营销服务。

（2）多媒体性

互联网可以传递多种媒体信息，充分发挥营销人员的创造性和能动性，让消费者以多种形式了解产品信息，增加成单率。

（3）交互式

互联网可以通过大数据、云计算等手段提供信息查询服务，以此实现企业和消费者的供需互动与沟通，还可以收集消费者满意度信息，为企业的产品联调和更新提供最佳的参考依据。

（4）个性化

互联网促销可以让消费者有足够的思考时间，增加理性购买，通过网络连接实现一对一的非强迫性服务，避免了推销员强势推销的干扰，双方可以建立长期、良好的关系。

（5）成长性

互联网的使用已经遍布全球，深入至各行各业。互联网的使用群体急剧增加，其中年轻群体占据主导地位，恰好这部分群体购买力强且具有很强的市场影响力，因此网络营销已经是各企业推销产品的主要渠道。

（6）整合性

网络营销可以实现从消费者查询商品到为消费者提供售后服务全过程的营销渠道，可以以新的方式、方法和理念，通过一系列制订网络营销计划和实施营销活动贯穿于产品推销过程中。

（7）超前性

互联网是网络营销中重要的工具，它能够及时向消费者展示商品信息，促进消费者成单，能够利用数据分析工具分析市场信息，精准定位消费群体，具有一对一营销优势，符合定制营销与直复营销的未来趋势。

（8）高效性

互联网可以将企业和消费者紧密相连，通过先进的信息技术及时分析和准确定位市场信息，获取消费群体特征并传递产品详细信息，企业能够及时更新产品或调整价格，消费者可以轻松获得需求的产品。

（9）经济性

电子商务的出现得以实现无实体店面的销售，无租金、水电等费用，可以降低成本，增大企业利益，消费者也可以体验送货上门的便捷性服务。

（10）技术性

网络营销是建立在以高技术作为支撑的互联网的基础上，企业实施网络营销必须有一定的技术投入和技术支持，改变传统的组织形态，提升信息管理部分的功能，引进懂营销与计算机技术的复合型人才，才能具备市场竞争优势。

【案例 5-4-1】"双十一"网络营销活动

11 月 11 日是现在重要的网络购物节。每年到这个时候，一些大型的电子商务网站都会利用这一天进行大规模的打折促销活动，以提高销售额度。无论是电子商务界的巨头还是零售业的翘楚，都非常重视"双十一"的营销活动。据统计，2009 年"双十一"销售额为 0.5 亿元，仅有 27 个品牌参与，2010 年为 9.36 亿，2011 年为 52 亿，2021 年参与"双十一"活动的更是多达 25 万品牌和 500 万商家，总交易额为 5 403 亿，再创新高。

案例思考

- 电子商务网站"双十一"活动业绩为何能持续上涨呢？

_____

_____

_____

活动 5.4.2　理解网络营销的具体形式

营销形式是指营销过程中所使用的方法。以下为常见的网络营销形式。

（1）企业网站营销

企业网站能够展示产品信息，塑造自身形象。建立企业网站的主要目的是向公众提供关于企业、产品和其他的相关信息。

（2）搜索引擎营销

搜索引擎营销是网站推广最常见的一种方式，它包含搜索引擎优化、关键词广告、关键词竞价排名、搜索引擎定位广告。搜索引擎在网络营销中的地位尤其重要，每天各行各业的人使用搜索引擎搜索信息。它能直接带来流量与终端客户。简单理解，用户搜索关键词后，通过搜索结果链接进入到企业相应的网站或网页，进一步了解他所需要的信息，然后通过用户提交表单的信息联系在线客服实现双向沟通。

（3）电子邮件营销

电子邮件营销是以订阅的方式将行业及产品信息通过电子邮件的方式提供给所需要的用户，以此建立与用户之间的信任与信赖关系。它的特点是范围广、效率高、成本低、针对性强、反馈率高、应用范围广，而且操作简单，所以电子邮件营销是经久不衰的营销方式。

（4）即时通信营销

即时通信营销又称为 IM 营销，是企业利用即时通信软件推广产品信息的手段，例如：

QQ、微信等。

（5）口碑营销

口碑营销常用于网站推广、品牌推广等，它是利用用户口碑相传来推广的。由于它是通过用户之间自发进行的，费用低和高效成为它显著的特点。

（6）软文营销

软文营销是企业在做网络营销中不可或缺的一个环节，一篇优质的软文可以吸引成千上万的读者，进而获取大量的流量转化成目标客户。它的缺点是一篇高质量的软文需要具有强大的方案写作能力，还需要强大的行业背景知识。

（7）短视频营销

随着移动互联网的发展，短视频成为非常受欢迎的内容消费形式，短视频营销主要借助短视频，向目标受众人群传播有价值的内容，吸引用户了解企业品牌产品和服务，最终形成交易，具有传播速度快、内容形式多样、成本低廉等优点。

（8）直播营销

直播营销是指在现场随着事件的发生、发展进程同时制作和播出节目的营销方式，该营销活动以直播平台为载体，达到企业提升品牌形象或是销量的目的。

除了以上常见的营销，还有数据库营销、问答营销、个性化营销、博客营销、躯干营销、微信营销等方式。

【案例 5-4-2】S 公司的数据库营销

S 公司是某市的一家中型保险企业，主营汽车保险业务。随着我国车市的快速发展，S 公司不仅没有跟着车市的繁荣迅速发展，反而出现业绩下滑的局面。尽管 S 公司对市场广告投入一再增加，但始终收效甚微，客户量很难取得明显突破，营业额也停滞不前。

在数据库营销兴起的背景下，S 公司抱着试一试的态度，打算在现有营销方式的基础上增加数据库营销。为此，S 公司与一家数据库营销公司 T 公司进行合作，委托 T 公司进行数据库营销服务。

T 公司的营销专家针对 S 公司进行了缜密的研究，分析 S 公司营销现状所存在的问题，并将 S 公司现有客户群中价值较高的客户重点标注出来；接着，T 公司利用自己的电话营销中心，对黄金客户进行电话访问，进一步维护重点客户关系。T 公司又建立了 VIP 俱乐部网站，通过微信、电子邮件等方式同 VIP 客户保持长期有效的沟通，不断增强这些重点客户的忠诚度。T 公司强化 VIP 客户的同时，也不断发掘新客户来源。

T 公司为 S 公司提供数据库营销服务的一年后，S 公司从原先占有该地车险市场 6% 的份额迅速提升至 19% 的份额，成为当地业务增长最快的车险公司。

案例分析

- T公司通过收集和积累消费者大量的信息，对 S 公司的客户进行分级处理，与其建立良好的关系，提升消费者忠诚度，预测消费者有多大可能升级车险服务，以及利用这些信息给 S 公司进行精确定位，有针对性地制作营销信息达到说服消费者去购买产品的目的。

活动 5.4.3　了解网络营销的注意事项

网络时代，网络营销已经逐渐成为企业销售产品的重要渠道，如何运用网络进行有效的营销是企业需要面临的一个新的挑战。在这个信息的时代，网络监管力度也越来越加严格，在网络营销的使用过程中需要注意以下几个事项。

（1）明确网络营销的方向

网络营销最根本的目的是使得企业获得更高的经济效益，因此，在执行网络营销之前需要有一个完善的营销方案，明确营销的任务和目标，例如：公司的总体目标、经营范围以及关于未来管理行动的总指导方针等。

（2）明确网络营销的目标

企业的网络营销任务确定以后，还要将这些任务具体化为网络营销各部门、网络营销各环节的目标，最终形成一套完整的目标体系，使网络营销各作业环节都有自己明确的目标，并负起实现这些目标的责任。网络营销目标和计划的制订要以企业整体的经营目标为准，即"利润比上年增长 15%""品牌知名度达到 40%"等一些数据型指标。

（3）网络营销的目标市场定位

营销的目标市场定位就是企业在综合考虑市场需要、竞争状况、营销环境等有关因素的基础上，结合本企业的任务、目标、经营管理能力等方面的要求与条件，将本企业与竞争者相比较，而确认本企业在未来市场上所处的位置。

（4）网络营销工具的选择

网络营销工具是在互联网上从事营销活动所使用的工具，它充分利用了互联网技术的一切特点，这是传统营销工具所无法比拟的。常用的网络营销工具，包括域名查询 / 域名注册工具、网站专业性评价工具、搜索引擎优化诊断工具等。

（5）网络营销组合策略

网络营销策略是企业根据自身在市场中所处地位不同而采取的一些网络营销组合，它包括网页策略、产品策略、价格策略、促销策略、渠道策略和顾客服务策略。

【案例 5-4-3】新东方的"知识型带货"

2021 年 12 月 28 日，新东方宣布成立"东方甄选"，开始进军直播带货。粉丝数量从 0 到 100 万，"东方甄选"用了半年，而从 200 万到 1 000 多万，却只用了 6 天。"东方甄选"的走红并非一蹴而就，而是多个营销策略结合运用的结果：以农产品筛选和销售为核心，直播助农；开创"双语直播带货"，在带货的同时输出文化知识；创新供货模式，与供应商成为伙伴关系；严把产品质量关，赢得良好的口碑。

案例思考

● 你认为策划网络营销需要从哪些方面考虑？

_____

_____

_____

活动 5.4.4　技能训练：针对某一 IT 产品设计网络营销推广方案

【活动要求】① 选择任一 IT 产品作为分析对象；② 经过讨论分析，提出该产品营业推广方案，要注意方案的具体实施细则及可行性；③ 简要说明出具体实施计划；④ 简要说明此营业推广活动策划的理由。

【活动过程】

所选择的 IT 产品：

_____

_____

_____

此网络营销活动的目的：

_____

_____

_____

具体推广方式：

_____

_____

_____

实施计划：

_____

_____

_____

选择这一推广方式的理由：

_____

_____

_____

教师点评：

_____

_____

_____

任务 5.5　了解 IT 产品销售中的公共关系策略

问题引入

- 你认为什么是公共关系？

_____

_____

你知道吗？

　一次很多企业领导参加的大型培训会议上针对公共关系进行的问卷调查表明，许多企业对公共关系的认知是模糊的，其中有一个问题是："请您来说一说何为公共关系？"结果答案五花八门。有人说："所谓公共关系就是漂亮小姐的微笑服务。"甚至有人把公共关系与社会上的那些请客、送礼、行贿、受贿等不良行为联系在一起。

活动 5.5.1　了解什么是公共关系

相关知识

公共关系是一个组织为创造良好的生存环境、发展环境，通过一系列有目的、有计划、持续的传播沟通工作，与其特定的公众对象建立起来的一种和谐的社会关系。公共关系与市场营销的关系是紧密的。公共关系工作在企业中，几乎与市场营销融合在一起。换言之，企业的公共关系工作几乎完全为市场营销活动服务。销售中的每一个因素都需要公关人员来加强、完善。因此，公共关系可以涉及市场营销的各个角落。为了系统地理解公共关系的真正含义，下面将公共关系活动的整个过程，总结为一个核心、两大指标、三个要素和四大职能。

（1）公共关系的一个核心——塑造组织形象

企业市场营销的成功，仅仅靠自身是不够的，还需要社会各界的大力支持和协作。没有供应商的支持和协作，企业就没有好的货源，无法完成生产任务；没有银行等金融机构的支持和协作，企业就没有资金保障……为此，企业应借助公共关系，促使公众把自己看作是遵纪守法、为公众和社会做贡献、注重社会利益的"公民"。如果企业在制定市场营销策略时不顾公众的利益，无视企业对社会环境造成的损害，只求企业自身利润的最大化，对社会福利事业漠不关心、一毛不拔，哪怕它的产品再好，定价再公道，也会遭到公众舆论的谴责，招致政府的干预和消费者的抵制。这无疑是一种自损行为。所以，一个企业组织必须借助一定的力量，提高自身在社会公众心目中的地位和形象。只要得到了公众的支持，得到了公众的信任，企业的产品或服务自然就会销售出去了。

（2）公共关系的两大指标——知名度与美誉度

正如前面所提到的，公共关系最主要的一个核心问题就是塑造组织形象。如果一个企业组织想要在公众心目中树立一个良好的形象，就必须同时具备公共关系的两大指标——知名度和美誉度。

知名度是指社会公众对一个企业组织的知晓、了解程度，包括这一组织或企业的行业归属、地理位置、组织名称、规模档次、发展历史、组织业绩等。美誉度指企业组织管理能力、产品质量、服务态度、企业文化、工作环境、社会责任、员工素质、组织规模、科技水平、设备设施的先进程度等。

（3）公共关系的三个要素

公共关系的三个要素指的是：主体要素、客体要素和媒体要素。

① 主体要素，就是指组织（企业、事业单位、社会团体等）本身。

② 客体要素，是指社会公众。公众包括内部公众、普通公众、政府公众、媒体公众、金融公众、组织公众。

③ 媒体要素，是指社会大众媒体。包括电视、广播、杂志、报纸、网络、手机等。

（4）公共关系的四大职能

一个企业的公共关系具有以下四大职能：

① 塑造企业良好的形象；

② 强化企业管理；

③ 促进市场营销；

④ 收集或传递有关商贸信息。

活动 5.5.2　正确理解公共关系活动形式

相关知识

公共关系模式主要有以下几种。

（1）建设型公共关系

建设型公共关系是在社会组织初创时期或新产品、新服务首次推出时期，为开创新局面进行的公共关系活动模式。目的在于提高美誉度，形成良好的第一印象，或使社会公众对组织及产品有一种新的兴趣，形成一种新的感觉，直接推动组织事业的发展。

（2）维系型公共关系

维系型公共关系是指社会组织在稳定发展期间，用来巩固良好形象的公共关系活动模式。目的是通过持续的公关活动，巩固、维持与公众的良好关系和组织形象，使组织的良好印象始终保留在公众的记忆中。

维系型公共关系是针对公众心理特征而精心设计的，具体可分为"硬维系"和"软维系"两种形式。"硬维系"是指那些"维系目的"明确、主客双方都能理解意图的维系活动，特点是通过显露的优惠服务和感情联络来维系同公众的关系。"软维系"是指那些活动目的虽然明确，但表现形式却比较超脱、隐蔽的公共关系活动，其目的是在不知不觉中让公众不忘记组织。

（3）防御型公共关系

防御型公共关系是指社会组织为防止自身的公共关系失调而采取的一种公共关系活动模

式。预防的目的是在组织与公众之间出现摩擦苗头的时候，及时调整组织的政策和行为，铲除摩擦苗头，始终将与公众的关系控制在期望的轨道上。

（4）矫正型公共关系

矫正型公共关系是指社会组织在遇到问题与危机、公共关系严重失调、组织形象受到损害时，为了扭转公众对组织的不良印象或已经出现的不利局面而开展的公共关系活动。其目的是对严重受损的组织形象及时纠偏、矫正，挽回不良影响，转危为安，重新树立组织的良好形象。

（5）进攻型公共关系

进攻型公共关系，是指社会组织采取主动出击的方式来树立和维护良好形象的公共关系活动模式。当组织需要拓展业务（一般在组织的成长期），或预定目标与所处环境发生冲突时，主动发起公关攻势，以攻为守，及时调整决策和行为，积极地去改善环境，以减少或消除冲突的因素，并保证预定目标的实现，从而树立和维护良好形象。这种模式适用于组织与外部环境的矛盾冲突已成为现实，而实际条件有利于组织的时候。其特点是抓住一切有利时机，利用一切可利用的条件、手段，以主动的姿态来开展公共关系活动。

（6）宣传型公共关系

宣传型公共关系是运用大众传播媒介和内部沟通方法开展宣传工作，树立良好组织形象的公共关系活动模式，目的是广泛发布和传播信息，让公众了解组织，以获得更多的支持。

（7）交际型公共关系

交际型公共关系是在人际交往中开展公共关系工作的一种模式，是以人际接触为手段，与公众进行协调沟通，为组织广结良缘的公共关系活动。

（8）服务型公共关系

服务型公共关系是一种以提供优质服务为主要手段的公共关系活动模式，其目的是以实际行动来获取社会的了解和好评，建立自己良好的形象。

（9）社会型公共关系

社会型公共关系是组织通过举办各种社会性、公益性、赞助性的活动，来塑造良好组织形象的模式。

（10）征询型公共关系

征询型公共关系是以采集社会信息为主，掌握社会发展趋势的公共关系活动模式，其目的是通过信息采集、舆论调查、民意测验等工作，加强双向沟通，使组织了解社会舆论、民意民情、消费趋势，为组织的经营管理决策提供背景信息服务，使组织行为尽可能地与国家的总体利益、市场发展趋势以及民情民意一致；同时，也向公众传播或暗示组织意图，使公众印象更加深刻。征询型公共关系活动实施的重心在于操作上的科学性以及实施过程中的精细度和诚意。

（11）文化型公共关系

文化型公共关系，是指社会组织或受其委托的公共关系机构和部门在公共关系活动中有意识地进行文化定位，展现文化主题，借助文化载体，进行文化包装，提高文化品位的公共关系活动模式。

（12）网络型公共关系

网络型公共关系作为一种新型的公共关系，是指社会组织借助网络、计算机通信和数字交互式媒体，在网络环境下实现组织与内外公众双向信息沟通，与网上公众协调关系的实践活动。这种新型的公共关系由于其独特的价值效应，日益受到广泛重视，掌握这种公共关系的运作，对欲在激烈的竞争中夺得一定市场份额的社会组织来说将具有十分重要的意义。

【案例 5-5-1】华为公关危机的处理

早在 2003 年华为就经历了一次震惊全球的公关危机事件，当时国际数据通信巨头思科在美国德州起诉华为侵犯其知识产权，共列罪名 21 大项几乎覆盖所有当时的知识产权诉讼领域。华为则在得到消息后立即召开高层紧急会议，由任正非任命高层负责人并寻求专家来协助开展应诉事宜。随后华为公关团队与法律顾问团队双管齐下，不仅在法律层面使思科节节败退，在新闻媒体公布思科在华为产品及营销、技术兼容等层面的起诉不属实，并通过与 3COM 公司合资组建新企业使思科不得不放弃高成本的持续诉讼。此事全程由全球知名新闻机构进行跟踪报道，当思科撤诉双方握手言和的一刻起，华为不但赢得法律和商业层面的优势，更在全球宣传了华为品牌的含金量，并将能够与思科比肩、具有独立知识产权、能够胜诉靠知识产权诉讼获利的思科等标签烙印在了全球公众的记忆。

 案例思考

- 为什么华为公司的声誉不仅没有降低，反而提高呢？你从本案例中学到了什么？你认为上述案例属于公共关系模式中的哪一类？

活动 5.5.3　技能训练：设计 IT 产品公关活动主题内容

【活动要求】① 选择任一 IT 产品作为分析对象；② 经过讨论分析，提出该产品公关促销主题内容，包括公关活动目的、目标公众、传播媒体、公关类型等；③ 简要说明出具体实施方案；④ 简要说明此公关活动策划的理由。

【活动过程】

所选择的 IT 产品：

_____

_____

_____

公关活动的目的：

_____

_____

_____

目标公众：

_____

_____

_____

传播媒体：

_____

_____

_____

公关活动实施方案：

_____

_____

_____

选择这一公关活动的理由：

_____

_____

_____

教师点评：

_____

_____

读者意见反馈

为收集对教材的意见建议，进一步完善教材编写并做好服务工作，读者可将对本教材的意见建议通过如下渠道反馈至我社。

咨询电话　400-810-0598

反馈邮箱　zz_dzyj@pub.hep.cn

通信地址　北京市朝阳区惠新东街 4 号富盛大厦 1 座　高等教育出版社总编辑办公室

邮政编码　100029

防伪查询说明

用户购书后刮开封底防伪涂层，使用手机微信等软件扫描二维码，会跳转至防伪查询网页，获得所购图书详细信息。

防伪客服电话

（010）58582300

学习卡账号使用说明

一、注册 / 登录

访问 http://abook.hep.com.cn/sve，点击"注册"，在注册页面输入用户名、密码及常用的邮箱进行注册。已注册的用户直接输入用户名和密码登录即可进入"我的课程"页面。

二、课程绑定

点击"我的课程"页面右上方"绑定课程"，在"明码"框中正确输入教材封底防伪标签上的 20 位数字，点击"确定"完成课程绑定。

三、访问课程

在"正在学习"列表中选择已绑定的课程，点击"进入课程"即可浏览或下载与本书配套的课程资源。刚绑定的课程请在"申请学习"列表中选择相应课程并点击"进入课程"。

如有账号问题，请发邮件至：4a_admin_zz@pub.hep.cn。